根本正次のリアル実況中継

司法書士

合格ゾーン

テキスト

11 供託法・司法書士法

JN060328

はじめに

　本書は、初めて司法書士試験の勉強にチャレンジする方が、本試験突破の「合格力」を無理なくつけるために制作しました。

　まず、下の図を見てください。

　これは、司法書士試験での、理想的な知識の入れ方のイメージです。

　まず、がっちりとした基礎力をつけます。この基礎力が備わっていれば、その後の部分は演習をすることで、徐々に知識を積み重ねていくことが可能になります。

　私は、**この基礎力のことを「合格力」と呼んでいます。**

　この合格力がついていないと、いくら勉強しても、知識を上積みすることができず、ドンドンと抜けていってしまいます（これまでの受験指導の中で、こういった受験生を本当に多く見ています…）。

　本書は、まさにこの**「合格力（＋ある程度の過去問知識）」をつけるための基本書です。**

本書では、この「合格力」をつけるためにさまざまな工夫をしています。

①「合格に必要な知識」だけを厳選して掲載。

　学問分野すべてを記載するのではなく、司法書士試験に出題がある部分（または今後出題される可能性が高いもの）に絞った記述にしています。学問的に重要であっても、「司法書士試験において必要かどうか」という観点で、論点を大胆に絞りました。

　覚えるべき知識量を抑えることによって、繰り返し学習がしやすくなり、スムーズに合格力がつけられるようになります。本書を何度も通読し、合格力がついてきたら、次は過去問集にチャレンジしていきましょう。

②初学者が理解しやすい言葉、言い回しを使用。

　本書は、司法書士試験に向けてこれから法律を本格的に学ぶ方のために作っています。そのため、**法律に初めて触れる方でも理解しやすい言葉や言い回しを使っています。**これは「極めて正確な用語の使い回し」をしたり、「出題可能性が低い例外を説明」することが、「必ずしも初学者のためになるとは限らない」という確固たる私のポリシーがあるからです。

③実際の講義を受けているようなライブ感を再現。

　生講義のライブ感そのままに、話し言葉と「ですます調」の軟らかな文体で解説しています。また、できるだけ長文にならないよう、リズムよく5～6行ごとに段落を区切っています。さらに文章だけのページが極力ないように心掛けました。

④ 「図表」→「講義」→「問題」の繰り返し学習で知識定着。

　1つの知識について、「図表・イラスト」、「講義」、「問題」で構成しています。そのため、本書を読み進めるだけで、**1つの知識について、3つの角度から繰り返し学習ができます。**また、「図表」は、講義中の登場人物の心境や物語の流れを把握するのに役立ちます。

試験で落としてはいけない「基本知識」の問題を掲載。講義の理解度をチェックし、実戦力、得点力を養います。基礎知識を確認するための問題集としても使えます。

最後に

2002年から受験指導を始めて、たくさんの受験生・合格者を見てきました。

改めて、司法書士試験の受験勉強とは何をすることかを考えると、

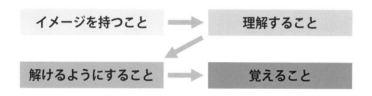

このプロセスを丹念に踏むことに尽きると思っています。

学習のスタートは、早ければ早いほど合格に近づきます。

しかし、いざ学習を始めるに当たり、「自分にできるかどうか」という不安をもっている方も多いのではないでしょうか。

ですが、**司法書士試験に今までの学習経験・学歴は、一切関係ありません。出題される知識を、「繰り返す」「続ける」努力を続けた人が勝つ試験です。**

本書は、いろいろな方法で学習を始めやすい・続けやすい工夫を凝らしています。安心して、本書を手に取って学習を始めてみましょう。

2024年5月

LEC専任講師　根本 正次

◆本書は、2024年5月1日現在成立している法律に基づいて作成しています。

●本書シリーズを使った学習法 ....

STEP 1 本書を通読＋掲載されている問題を解く（1〜2周）
※ ただし「2周目はここまで押さえよう」の部分を除く

まずは、本書をあたまから順々に読んでいってください。

各章ごとに、「問題を解いて確認しよう」という問題演習のパートがあります。それを解くことによって、知識が入っているかどうかを確認してください。この問題を間違えた場合は、次に進む前に、該当箇所の復習をするようにしてください。

STEP 2 本書の「2周目はここまで押さえよう」の部分を含めて通読する ＋ 問題を解く（2周以上）

本書には「2周目はここまで押さえよう」というコーナーを多く設けています。この部分は、先の学習をしないとわからないところ、知識の細かいところ、基本知識が固まらないうちに読むと消化不良を起こす部分を記載しています。

STEP 1を数回クリアしていれば、この部分も読めるようになっています。ぜひ、この部分を読んで知識を広げていってください（法律の学習は、いきなり0から10まで学ぶのではなく、コアなところをしっかり作ってから、広げるのが効率的です）。

STEP 3 本書の姉妹本「合格ゾーン ポケット判択一過去問肢集」で演習をする ＋ 「これで到達合格ゾーン」のコーナーを参照する

ここまで学習が進むとアウトプット中心の学習へ移行できます。そこでお勧めしたいのが、「合格ゾーン ポケット判択一過去問肢集」です。こちらは、膨大な過去問集の中からAAランク・Aランクの知識に絞って演習ができる教材になっています。

そして、分からないもの、初めて見る論点があれば、本書の「これで到達合格ゾーン」の個所を見てください。

ここには、近年の司法書士試験の重要過去問について、解説を加えています。
この部分を読んで、新しい知識の記憶を強めていきましょう。

（そして、学習が深化してきたら、「これで到達合格ゾーン」の部分のみ通読するのも効果的です。）

STEP 4　ＬＥＣの答案練習会・公開模試に参加する

本試験では、過去問に出題されたとおりの問題が出題されたり、問い方を変えて出題されたりすることがあります。

また、本試験の２〜３割以上は、過去に出題されていない部分から出されます。

こういった部分の問題演習は、予備校が実施する答練で行うのが効率的です。
ＬＥＣの答練は、
・過去問の知識をアレンジしたもの
・未出知識（かつ、その年に出題が予想されるもの）
を出題していて、実力アップにぴったりです。

どういった模試・答練が実施されているかは、是非お近くのLEC各本校に、お問い合わせください。

TOPIC　令和６年度から記述式問題の配点が変更！
より要求されるのは「基礎知識の理解度」

令和６年度本試験から、午後の部の配点が、択一の点数（１０５点）：記述の点数（１４０点）へと変更されました。

「配点の多い記述式の検討のため、択一問題を速く処理すること」、これが新時代の司法書士試験の戦略です。

そのためには、基礎知識を着実に。かつ、時間をかけずに解けるようにすることが、特に重要になってきます。

●本書の使い方 ··

　本書は、図表➡説明という構成になっています（上に図表があり、その下に
文章が載っています）。

　本書を使うときは、「図表がでてきたら、その下の説明を読む。その講義を読
みながら、上の図表を見ていく」、こういうスタイルで見ていってください。

　そして、最終的には、「図表だけ見たら知識が思い出せる」というところを目
標にしてください。

イントロダクション

この編で何を学んで行くの
かの全体像がつかめます。
この内容を意識しながら学
習を進めるといいでしょう。

第2編 **民法の基礎知識**

　ここから民法の基礎知識を14個のテーマに分けて、見ていきます。この14個
のテーマを学習した後に、第3編以降で細かく受験の論点を追いかけていきまし
ょう。

~代理人は本人の代わりなので、ちゃんとした人で~

第1章 **代理制度**

章の初めには、「どういっ
たことを学ぶのか」「どう
いった点が重要か」という
説明が書かれています。
この部分を読んでから、メ
リハリをつけて本文を読み
ましょう。

　これからやる代理という制度は、本試験で多くの出題が
あるところです。
　まずは、①そもそも代理というのはどういう制度なのか、
②代理が成立するための要件は何か、③頼まれてもいな
いのに代理した場合はどうなるか、こういったことを学
習しましょう。

第1節 **任意代理**

基本構造

本書の基本構造は「図表➡
その説明」となっています。
「図表を軽く見る➡本文を
読む➡図表に戻る」という
感じで読んでいきましょう。

図表

　本人　甲（買主）

代理権授与↓

代理人　丙　　←申込み／承諾→　相手方　乙（売主）

説明　甲は、丙に、「乙の土地が欲しいから、値段交渉をして買ってきて欲しい」と
頼みました。

LEC東京リーガルマインド　令和7年版 根本正次のリアル実況中継
司法書士 合格ゾーンテキスト ❶ 民法Ⅰ

根本講師が説明！ 本書の使い方 Web 動画！

　本書の使い方を、著者の根本正次ＬＥＣ専任講師が動画で解説します。登録不要、視聴無料で、いつでもアクセスできます。

　本書の構成要素を、ひとつひとつ解説していき、設定の意図や留意点などを分かりやすく説明していきます。

　是非、学習前に視聴していただき、本書を効率よく使ってください。

※スマートフォン等による視聴の場合、パケット通信料はお客様負担となります。

◆アクセスはこちら

◆二次元コードを読み込めない方はこちらから
https://www.lec-jp.com/shoshi/book/nemoto.html

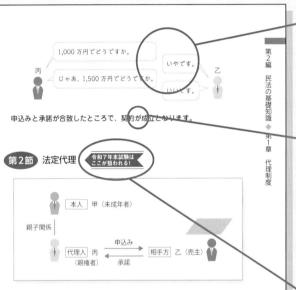

会話調のイラスト

流れや状況を会話調のイラストにすることにより、イメージしやすくなり、理解が早まります。

本文

黒太字：知識の理由となっている部分です。理由付けは理解するためだけでなく、思い出すきっかけにもなるところです。

赤太字：知識として特に重要な部分につけています。

令和７年本試験はここが狙われる！

令和７年本試験で狙われる論点をアイコンで強調表示しています。

条文

本試験では条文がそのまま出題されることがあります。覚える必要はありませんが、出てくるたびに読むようにしてください。

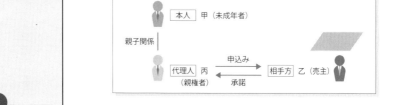

覚えましょう

試験問題を解答して
いく上で、欠かせな
い重要な部分です。
読んだ後、この箇所
を隠して暗記できて
いるかを確認してい
きましょう。

覚えましょう

代理行為が成立する要件
① 本人 甲が権利能力を有すること
② 代理人 丙が代理権を有すること
③ 代理人 丙が 相手方 乙に対して顕名をすること
④ 代理人 丙と 相手方 乙との間に有効な契約が成立すること

　理行為が有効に成立するためには、①から④までの要件が必要です。
この4つをすべてクリアすると、直接甲に効果帰属します。

（1）権利能力について

Point

その単元の特に重要
な部分です。この部
分は特に理解するこ
とをこころがけて読
んでください。

Point

権利能力：権利義務の帰属主体となりうる地位
　　　　→ 「人」が持つ
　　　　→ 「人」とは、自然人・法人

　権利能力とは、私は「**権利を持てる能力、義務を負える能力**」と説明していま
す。
　そして、この**能力を持つのは、人**です。

　法律の世界で人といった場合は、**自然人と法人**を指します。

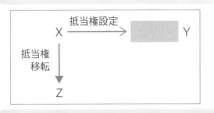

	流れを示しています。権利や物がその方向で動いていると思ってください。 ※太さが異なっても意味は同じです。
	債権、所有権、地上権などの権利を差しています。誰が権利をもっていて、どこに向かっているかを意識してみるようにしてください。

~お金を貸すときは担保が大事です~

第3章 債権者平等の原則と担保物権

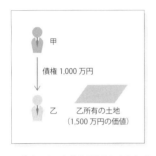

甲と乙が「1,000万円貸す」という借金契約をしました（この借金契約のことを、法律では、金銭消費貸借契約と呼びます）。

この場合、甲から乙に対し貸金債権が発生します。これは、「貸したお金を返せ」と請求できる権利です。

取引の常識
甲は、乙に金を貸す際に、乙の資産状態（資力ともいう）を確認してから貸す

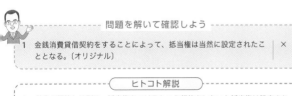

問題を解いて確認しよう

1	金銭消費貸借契約をすることによって、抵当権は当然に設定されたこととなる。〔オリジナル〕	×

ヒトコト解説

1 借金の契約とは別に、抵当権をつけるという契約をしないと抵当権は設定されません。

※上記は見本ページであり、実際の書籍とは異なります。

根本のフキダシ
根本が考える「この部分は、こう考えるといいよ」という理解の方向性を示している部分です。

問題を解いて確認しよう
ここまでの理解を確認します。理解していればすぐに解ける肢を、主に過去問からセレクトしていますので学習の指針にしてください。また、出題年度を明記しています。
例：〔13-2-4〕→平成13年問題2の肢4
×肢には「ヒトコト解説」が付いてくるので、なぜ誤っているかはここで確認してください。

目 次

はじめに i

本書シリーズを使った学習法 iv

本書の使い方 vi

供託法

第1編 供託の制度　　2

第1章　序説・供託の種類　　2

第1節　供託の意義 2

第2節　弁済供託 4

第3節　保証供託 5

第4節　執行供託 7

第5節　没取供託 8

第6節　保管供託 8

第2章　供託物　　10

第3章　供託所とその管轄　　14

第4章　供託当事者　　23

第2編　弁済供託　28

第1章　弁済供託の受理要件　28

第2章　供託原因ごとの検討　32

第1節　受領拒否...32
第2節　受領不能...41
第3節　債権者不確知..43
第4節　債権者の不受領意思明確...49

第3編　供託手続　52

第0章　手続の全体像・請求権との関係　52

第1章　供託申請手続　57

第1節　申請手続の概要..57
第2節　供託書..64
第3節　提示・添付書類..70
第4節　供託通知...74

第2章　供託物払渡手続　77

第1節　供託物払渡手続の概略...77
第2節　供託物還付手続..81
第3節　供託物取戻手続..90
第4節　特殊な払渡手続...104
第5節　保証供託の払渡手続...108
第6節　利息の払渡手続...111

第7節　特殊な供託手続 114

第3章　供託関係書類の閲覧・供託関係の証明　　　118

第4編　民事執行法に関わる供託　122

第1章　執行供託の基礎知識　　　123

第2章　執行供託各論　　　127

第1節　差押え 127
第2節　仮差押え... 134
第3節　滞納処分... 141

第3章　解放金の供託　　　147

第1節　仮差押解放金 148
第2節　仮処分解放金 149

第5編　供託物払渡請求権の時効消滅　154

司法書士法

第1編 司法書士に関するルール 160

第1章	序説	160
第2章	司法書士になるための要件	163
	第1節 資格	163
	第2節 登録	164
	第3節 変更の登録	167
	第4節 登録取消し	169
第3章	司法書士の仕事	172
	第1節 業務範囲	172
	第2節 義務	174
第4章	司法書士法人	186
	第1節 設立	187
	第2節 業務及び社員の責任	189
第5章	懲戒	194
第6章	司法書士会	200

根本正次のリアル実況中継

司法書士

合格ゾーン
テキスト

11 供託法・司法書士法
（供託法）

まるわかりWeb講義

著者、根本正次による、科目導入部分のまるわかりWeb講義！

科目導入部分は、根本講師と共に読んで行こう！
初学者の方は、最初に視聴することをおすすめします。

◆二次元コードを読み込んで、アンケートにお答えいただくと、ご案内のメールを送信させて頂きます。
◆「まるわかりWeb講義」は各科目の「第1編・第1章」のみとなります。2編以降にはございません。
◆一度アンケートにお答えいただくと、全ての科目の「まるわかりWeb講義」が視聴できます。
◆応募期限・動画の視聴開始日・終了日については、専用サイトにてご案内いたします。
◆本書カバー折り返し部分にもご案内がございます。

第1編 供託の制度

まるわかりWeb講義

まず、供託というのはどういう制度なのかのイメージを持つことが重要です。

その次に、制度趣旨を押さえながら供託の種類を押さえたうえで、供託制度の共通項にあたる「人」「物」「管轄」を学習していきます。

制度趣旨の部分は、その後の知識へとつながるところなので、時間をかけて読み込んでください。

～国がお金などを預かって、いろいろと公平に収めたい～

第1章 序説・供託の種類

ここでは、供託にはどういった種類があって、供託するとどういう効果が生じるのか、という点が「かなり」重要です。
他の人に説明できるレベルにまでしておきましょう。

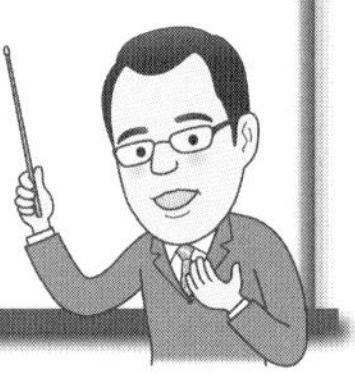

第1節 供託の意義

供託とは、「預けること」をいいます。具体的には次の図で説明します。

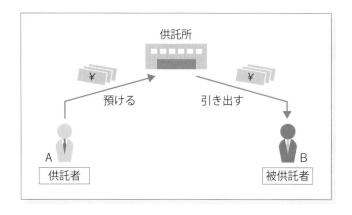

　Aさんがいて、国の機関に対し、お金なり、物を預けるのです。預けるというのは、通常「この物を預ってくれ、私が来たら返してくれ」という内容になると思いますが、供託の場合は、「Bさんが来たら渡してくれ」という内容になっています。

**　預ける人と引き出す人が、別人になっているのが特徴**なのです。

　預けるAさんのことを供託者、そして、引出しが予定されているBさんを被供託者と呼びます。そして、預かる国の機関を供託所と呼びます。

　では、なぜこういった預ける制度があるのでしょう。

　これは、供託の種類ごとによって違います。
**　供託にはいくつかの種類があり、その種類ごとに供託をする目的・効果が違う**のです。次は、その種類を説明していきます。

第2節 弁済供託

Aが、Bからお金を借り、Bは、土地に抵当権を設定しています。

Aが弁済をしようと思ったところ、Bが行方不明になっているため、このままではAは、払おうと思っても払えません（弁済提供をしても、Bは受け取ることはできない状態です）。

このままでは、抵当権はずっと付いたままになってしまいます。

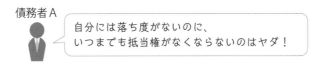

債務者A

自分には落ち度がないのに、
いつまでも抵当権がなくならないのはヤダ！

この場合、Aは、供託をすればいいのです。

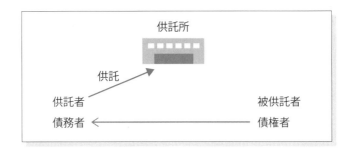

債務者が国の機関である供託所に、供託をします。すると**この時点で、債務は消滅**します。

払おうと思っても払えない状態
→　しかも、債務者に落ち度がない
→　この落ち度がない債務者を救済したい
→　供託をしたら、債務を消滅させる

　これが弁済供託という制度の趣旨と効果です。

　ちなみに、行方不明の債権者が帰ってきたら、供託所に行って、債務者が預けたものを引き出すことになります。

第3節　保証供託

　保証供託とは、**将来、損害を出しそうな人に対し、「あらかじめ、お金・有価証券を積んでおけ」** とする制度です。

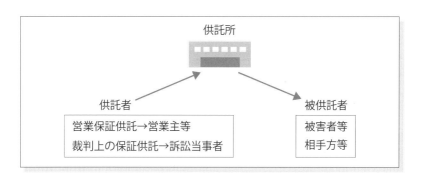

　一定の商売をする人は、商売を始める前にお金を積む必要があります。例えば、原子力事業者や宅建業者、旅行業者などです。彼らの活動は、しくじると大勢の人に迷惑をかけます。

営業主

損害出したときに払えるの？
怖いから、そのときのお金を
今のうちに積んでおいて！

大勢の人が、営業主に対して損害賠償債権を持つことがあります。**その時の引当金として、お金や有価証券を積むことを要求**しました（お金や有価証券を積まないと商売が始められないようにしています）。

営業主がお金を積む
→被害者はそこから引き出していく

こういうことを目的にして作った制度です。

保証供託にはもう1つ、裁判上の保証供託というタイプもあります。

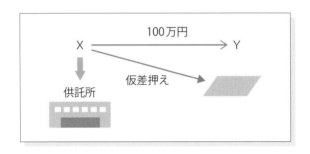

XがYの土地に仮差押えをしようとして、裁判所に申立てをすると、裁判所から「300万円積みなさい」という命令が出ます。Xは仮差押えをする前にお金や有価証券を積むことになります。

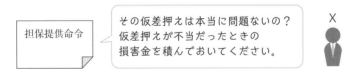

担保提供命令

その仮差押えは本当に問題ないの？
仮差押えが不当だったときの
損害金を積んでおいてください。

X

将来、このXの仮差押えが不当だと判断されたら、Yは、損害金として供託所に積まれたお金や有価証券を引き出すことになります。

第4節 執行供託

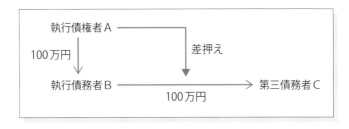

　ＢＣの債権を、Ａが差し押さえました。それによって、ＣはＢに払えなくなります。

　Ｃは悪くもないのに、払えないという状態になっているのです。

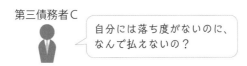

　このＣを保護すべきだということで、Ｃが供託することを認めました。

　Ｃが供託をすれば、ＢＣ債権は消滅します。あとはその供託金は、裁判所が管理をして、配当手続でＡ等に渡していきます。

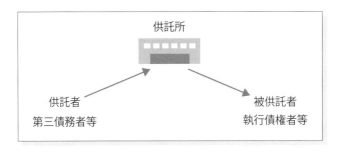

　第三債務者が供託をすると、その時点で債務が消滅します。それによって、**落ち度のない第三債務者を救いたい**、また、**執行手続をスムーズに進めようとしています**。

第5節 没取供託

選挙に立候補しようとするものは、事前に一定額の供託をする(公職選挙法92条)
　　↓　一定数の得票がない場合(又は立候補の辞退)
供託金は没取され、国庫などに帰属する(公職選挙法93条)
　　⋮
制度の濫用防止

　選挙に出る時は、「お金を事前に供託しなさい」と要求されます。例えば衆議院選挙に出る場合は、300万円供託する必要があるのです。
　もし立候補した後に得票数が一定のところまで届かないと、供託したものは国側に没収されます。

　なぜこんな制度があるかというと、**選挙制度の濫用を防ぐため**です。
　選挙というのは世間一般にその人の名前が出ます。すると売名行為のために、当選する可能性もないのに、立候補する人が出てくることが予想されます。
　そういうことができるだけないように、「**お金を供託させて、うまくいかなければ没収する**」、**懐を痛めさせることによって、濫用を防ごうとしている**のです(お金を持っている方にはあまり効き目がありませんが…)。

第6節 保管供託

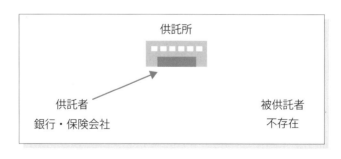

　銀行や保険会社など、これらの営業が悪くなると、内閣総理大臣等によって

「今の財産を全部供託所に納めなさい」と命令が出ることがあります。

　銀行や保険会社は、それに応じて供託することになります。

　その後、この銀行や保険会社が破綻した場合、破産手続で他の債権者等に分配していきます。供託させる目的は**財産の拡散防止**です。財産を集めるために、供託所に供託しなさいとしているのです。

　ここまで、5個ほど供託の種類を説明しましたが、1つ1つ目的・趣旨が、全く違うのに気付いたでしょうか。

> 供託の種類ごとの比較問題
> → 　供託をする目的・効果から考えるようにすること

　次の章からの学習は、ここまでの学習内容を使います。今一度、供託の種類ごとに、なぜ供託をするのか、供託をしたらどうなるかを見直してください。

第2章 供託物

ここでは、どういった物を供託できるのかということを学びます。供託の種類ごとに、「供託を認めた理由」に合わせて知識を押さえるようにしましょう。

供託物	原則	論点
金銭	日本国の通貨	外国の通貨はその他の有体物（動産）として供託
有価証券	法令に定めのない限り、制限なし	
その他の有体物（動産・不動産）	その物自体	例外　自助売却（民497） →　供託物を競売に付し、その代金を供託することができる

　どんな物が供託できるかという論点です。基本的にはこの図のとおりですが、いくつか注意点があります。

　まず金銭ですが、**供託法では、日本国の通貨だけを金銭として扱います。** 外国の通貨は、動産として扱います（金銭と扱われると利息が付きますが、動産と扱われた場合は利息が付きません）。

　次に動産についてです。動産自体を供託するのが基本ですが、**保管できないような動産の場合、競売してお金を供託することもできます。**

　ただ、競売にかけるので、裁判所の許可が必要となります。

問題を解いて確認しよう

1	金銭の供託の目的物として供託をすることができる金銭は、我が国の通貨に限られる。〔23-9-ウ改題〕	○
2	弁済の目的物が供託に適さないものであるときは、債務者は、裁判所の許可を得てこれを競売し、その代価を供託所に供託することができる。〔16-9-ウ（25-9-ア）〕	○

 覚えましょう

◆ 供託の種類と供託物 ◆

	金銭	有価証券	動産	不動産
弁済供託	○	○	○	○
保証供託	○	○	×	×
執行供託	○	×	×	×
没取供託	○	○	×	×
保管供託	○	○	○	○

　供託できるものを説明しましたが、全ての供託で全ての物が使えるというわけではないのです。**供託の種類ごとに、供託できる物は違っています。**

弁済供託

　弁済供託では、弁済する内容のものを供託することになります。お金を払うという内容であればお金を供託するし、動産を渡すという内容であれば、動産を供託すればいいのです。

保証供託

　保証供託は、損害が生じた時の穴埋めにしてもらうための制度です。
「100万円の損害が出た→100万円お金をもらう→すぐに損害の穴埋めになる」
「100万円分の国債をもらう→お金に換えやすい→すぐに損害の穴埋めになる」
「100万円相当のダイヤをもらう→現金化するのに手間かかる」
「100万円相当の不動産をもらう→これも現金化するのに手間かかる」
　このように、すぐに**損害の穴埋めができる金銭と有価証券に限定しているので**

す。

執行供託

　執行供託は、最終的に裁判所が配当で渡すことになっています。そのため、**配当ができるお金だけが供託できます。**

　有価証券・動産・不動産は切って分けることができませんので、執行供託を認めていません。

没取供託

　没取供託では、最終的には国が没収します。そのため**国が管理しやすいものに限定している**のです（牛や馬を没収しても、管理が大変です）。

保管供託

　保管供託は、財産を集めたいという発想から来ているので、**財産であれば何であれ供託できるようにしています。**

> **Point**
>
> 担保（保証）供託および没取供託（選挙供託もその１つ）については、供託の根拠法令において振替国債を供託物として認めていれば、振替国債を供託することができる。

　振替国債というのがあります。これはペーパーレス国債といわれるもので、証券という紙がありません。

　これに関しては、**高額になりやすい供託だけを認めています。**そのため、実際に認めているのは、**担保供託と選挙供託ぐらい**です。

　弁済供託では認められないという点が本試験で何度も問われています。

> **Point**
>
> 仮差押解放金の供託は、金銭のみ認められている。

　民事保全法に、解放金という制度があります。この解放金という制度では、お金しか供託できません。

いろんな理由がありますが、名前をもう1回見てください。

解放「金」と言っているのだから、お金だけです。有価証券を供託できるなら、解放有価証券とかいう名前になってもおかしくはありませんね。

問題を解いて確認しよう

1	振替国債の譲渡を債務の内容とする場合において、債権者が振替国債の振替を受けるための口座を開設しないため弁済することができないときは、債務者は、当該振替国債を供託することができる。〔16-9-オ（20-9-イ）〕	×
2	裁判上の保証は、裁判所が相当と認める有価証券を供託する方法によってすることができる。〔57-11-5（15-10-イ、22-10-オ）〕	○
3	民事保全法の保全命令に係る担保供託は、振替国債によってすることはできない。〔19-11-イ〕	×
4	仮処分解放金の供託をする場合には、金銭でしなければならず、金銭に代えて有価証券ですることはできない。〔4-12-4（24-11-オ）〕	○

×肢のヒトコト解説

1 振替国債を弁済供託で使用することはできません。

3 振替国債を担保供託で使用することはできます。

第3章 供託所とその管轄

ここではどこで供託をするのかということを学びます。
大きく分けると、
供託する先は「法務局なのか、倉庫業者なのか、裁判所が決めるのか」という論点と、
「どこの」地域の供託所にするのかという2点の論点があります。

覚えましょう

◆ 供託物の種類と供託所 ◆

供託しようとする物（供託物）		供託を取り扱う機関（供託所）
金銭・有価証券		法務局もしくは地方法務局又はその支局もしくは法務大臣の指定する出張所（1）
動産	原則	法務大臣が指定する倉庫業者または銀行（5Ⅰ）
	例外 弁済供託で、債務履行地に供託所がないとき	債務履行地の地方裁判所が指定した供託所および選任した供託物保管者（5Ⅱ、民495Ⅱ、非訟94）
不動産を供託する場合		

　実際に「供託所」という建物があるわけではなく、様々な機関が供託の仕事をしており、それらをまとめて「供託所」と呼んでいます。そして、預ける供託物によって、預かる機関が変わるのです。

　基本的には、法務局が、この仕事をやってくれます。

　ただ、動産になると話は変わります。**牛や馬を持って来られても、法務局だって困ります**。そのため動産については、倉庫業者等が取り扱うようになっているのです。

　ただ、その地域に倉庫業者がなければ、預けようがないので、その場合は、裁判所が預かる機関を決めてくれます。

そして不動産を供託する場合、不動産の性質（宅地・農地・住宅・工場）など
もあるので、**一律、裁判所が選ぶようになっています。**

次は、どの「場所」の法務局、どの「場所」の倉庫業者に供託をするのかとい
う場所の論点に移ります。

🖐️ Point

原則）供託者は任意に供託所を選択できる

例外）供託の種類によっては、申請すべき供託所が法定されている

　　→　当該供託所に申請しなければ、その申請は却下（規21の7）

基本的にはどこでもいいのです。埼玉の選挙に出たいのに、沖縄の法務局で供
託するということも問題ありません。

ただ、供託の種類によってはここじゃなければだめと決めているところがあり、
そこに供託しないと却下になります。**民事訴訟と違って、移送ということをして
くれません。**

ちなみに、**ほとんどの供託で、供託する場所を限定しています（限定していな
いのは、選挙供託くらいです）。**

 覚えましょう

◆ 弁済供託の土地管轄 ◆

原則	債務履行地の供託所（民495Ⅰ） →債務履行地の属する最小行政区画（市区町村）内にある供託所をいう
例外	債務履行地の属する最小行政区画内に供託所がない場合は、その最小行政区画を包括する行政区画（都道府県）内の最寄りの供託所

もともと債務を履行する場所で供託することが求められています。

ただ、履行する場所が債権者の住所地の場合、債権者の住所に供託するってい
うのは変ですよね。具体的には、債権者の住所地の市区町村内の供託所に行くわ
けです。

その市区町村内に供託所がなければ、その場合は、県内の最寄り（できるだけ債権者が行きやすいところ）に供託することになります。

「市内になければ、県内の最寄り」と覚えておきましょう。

債務履行地と言いましたが、それはどこでしょう。

基本的にはお互いの契約内容で決めています。債務者が持って行くのか、債権者が取りに行くのかは、大抵契約で決まっています。例えば、**銀行の預金債務は、銀行に取りに行くと特約で決まっています。**

先例が多く出ているのは、債務者が債権者のところに持っていくという**持参債務**のケースです。いくつか図を見ていきましょう。

事例		結論
債権者複数	A（東京） ⟶　債務者B（埼玉） C（大阪）	可分債権の場合 →債権者ごとにその住所地の 　供託所に供託する

持参債務というのは、債務者が債権者のところに持っていく内容の債務です。

では、債権者が2人以上いたらどうするのでしょう。

これが可分債権であれば、債権は2つに割れているので、A、C、それぞれのところで供託することになります。

事例		結論
債権者の住所不明	A（東京→?）⟶　債務者B（埼玉）	債権者の最後の住所地の供託所

債権者が引っ越しをして、引っ越し先が分からなくなりました。この場合は最後の住所地が分かれば、そこに供託すればいいとしています。

事例		結論
債権者不明	?(?) ―――――→ 債務者B(埼玉)	債務者の住所地の供託所

　Bが交通事故で誰かをはねたのですが、そのはねられた人が分からないという状態、被害者がどこにいるか分からない状態です。不法行為による損害賠償の遅延損害金は、不法行為の時点から発生します。加害者のBは、1日も早く払って遅延損害金を止めたいのですが、どこの誰に払えばいいのかがわかりません。

　この場合は、債務者の住所地に供託することになります。**持参債務なのに、珍しく債務者の住所地でよいとしているのがポイント**です。

事例		結論
債権者不確知	A?(東京) 　　　　　　　　――――→ 債務者B(埼玉) C?(大阪)	いずれか一方の債権者の住所地の供託所

　債権者はどちらなのかということを、AとCで今争っています。
　困っているのは債務者Bです。ACのトラブルのせいで、今払えなくなっているのです。この場合、債務者Bは供託することができます。

　ではどこに供託すればいいのでしょうか。
　先例は、**ACどちらの住所地でもよいとしました**。**まさに落ち度のない債務者の便宜を図った結論**だと思います。

問題を解いて確認しよう

1	持参債務について被供託者をA又はBとして債権者不確知を原因とする弁済供託をする場合において、Aの住所地の供託所とBの住所地の供託所とが異なるときは、いずれの供託所にも供託をすることができる。〔26-10-ア〕	○
2	持参債務の弁済のための供託は、債権者の所在が不明であるときは、債務者の住所地の供託所にすることができる。〔59-11-1〕	×

3	交通事故の被害者が行方不明のためにする損害賠償債務の弁済供託は、被害者の最後の住所地の供託所にしなければならない。〔3-11-3〕	○
4	地代の弁済供託をする場合において、債務履行地の属する最小行政区画内に供託所がないときは、その地を包括する行政区画内における最寄りの供託所に供託すれば足りる。〔20-9-ウ〕	○
5	金銭債権について弁済供託をする場合において、債務の履行地である市区町村内に供託所がないときは、裁判所が指定した供託所に供託しなければならない。〔8-9-ア（2-12-5）〕	×
6	選挙供託については、供託所の管轄について定めがないので、全国いずれの供託所にもすることができる。〔8-9-エ（令3-9-オ）〕	○

────── ×肢のヒトコト解説 ──────

2 所在が不明の場合には、債権者の最後の住所地に供託します。

5 市内に供託所がなければ、県内の最寄りの供託所になります。

 2周目はここまで押さえよう

（2周目はここまで押さえよう、のコーナーは「あとあと学ぶことが前提知識として必要」「少々細かいので、後から入れた方が効率的」という知識を入れています。この科目のテキストをすべて通読して、専門用語等が頭に残り始めてきてからお読みください。）

◆ 管轄を間違えた弁済供託の効力 ◆

原則	無効
例外	被供託者の供託受諾又は還付請求によって当初から有効なものとなる

管轄を間違えた弁済供託は、効力が生じません。そのため、弁済としての効力は生じないため、債務は消滅しないのです。

これは、弁済を債務履行地で受け取れない債権者の利益のためです。
だからこそ、

　債権者「管轄を間違えた供託がここでされていると聞きました。還付させてください」

　といった還付請求をしてきたのであれば、認めるべきです。

　このように、被供託者が供託受諾又は還付請求してきた場合は、供託は初めから有効として処理されます。

☑ 1　管轄外の供託所にされた弁済供託が誤って受理された場合　　　×
　　　には、当該弁済供託は無効であり、たとえ被供託者が当該
　　　弁済供託を受諾したとしても、当該弁済供託を有効なもの
　　　として取り扱うことはできない。〔28-9-オ（令4-10-オ）〕

 覚えましょう

◆ 保証供託・執行供託の土地管轄 ◆

保証供託	営業保証供託	主たる営業所（事務所）の最寄りの供託所（旅行業8Ⅶ・割賦販売16Ⅰ・宅建業25Ⅰ）	
	裁判上の担保供託	民訴法上の担保供託	発令裁判所の所在地を管轄する地方裁判所の管轄区域内の供託所（民訴76・259Ⅵ）
		民執法上の担保供託	発令裁判所又は執行裁判所の所在地を管轄する地方裁判所の管轄区域内の供託所（民執15Ⅰ）
		民保法上の担保供託	原則：発令裁判所又は保全執行裁判所の所在地を管轄する地方裁判所の管轄区域内の供託所（民保4Ⅰ） 例外：保全命令については、裁判所の許可により、裁判所が相当と認める地を管轄する地方裁判所の管轄区域内の供託所（民保14Ⅱ）
執行供託			（仮）差押えにかかる金銭債権の債務履行地の供託所（民執156ⅠⅡ）

　ここからは、弁済供託以外の供託を見ましょう。

営業保証供託

　営業保証供託の場合は、株式会社だったら、本店所在地の供託所になります。
（個人商人などもあるので、主たる営業所という言葉を使っています）。

裁判上の保証供託

　裁判上の保証供託では、「お金を積みなさい」という**命令が裁判所から来るの**
で、その裁判所の管轄の供託所で行います（これが発令裁判所というものです）。
　ただ、民事執行法や民事保全法では、**現実に執行をしかけている裁判所**、そこ
でも構わないとしています。

　そして、**民事保全法については、例外があり、裁判所が相当と認める場所でも**
よいとしています。
　ここしかできないよと限定してしまうと、そこが遠い場合、急いでできない可
能性があります。**民事保全の手続は急いで行う必要がある事件が多く、供託する**
場所を固定すると間に合わない恐れがあるので、裁判所が相当と認める地でもい
いとしました。

執行供託

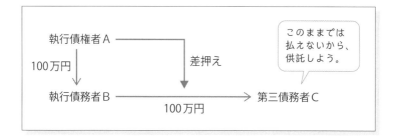

どこでBに対し弁済をするのか、それに合わせて供託所が決まります。

Bの住所地で履行する内容なら、供託するのはBの住所地だし、Cのところで払うという契約内容であれば、Cの住所地の供託所になります。

結局は、**「差押えを受けても、履行する場所は変わらない」**ということです。

問題を解いて確認しよう

1	宅地建物取引法の免許を受けた宅地建物取引業者は、営業保証金を主たる事務所の最寄りの供託所に供託しなければならない。〔3-11-5（60-11-5）〕	○
2	裁判上の保証供託は、執行裁判所の所在地を管轄する地方裁判所の管轄区域内の供託所以外の供託所には、することができない。〔59-12-イ（60-11-3、8-9-ウ、20-10-イ）〕	×
3	判決に仮執行の免脱宣言が付された場合にする供託は、当該判決をした裁判所の所在地を管轄する地方裁判所の管轄区域内のいずれの供託所にもすることができる。〔15-10-ア（令2-11-イ）〕	○
4	民事保全法の保全命令に係る担保供託は、債務者の住所地の供託所に供託しなければならない。〔19-11-ア〕	×
5	強制執行による金銭債権の差押えを原因として第三債務者がする供託は、執行裁判所の所在地を管轄する地方裁判所の管轄区域内の供託所にしなければならない。〔57-13-1（60-11-2、元-14-4、8-9-イ、26-11-イ）〕	×

第4章 供託当事者

供託の種類ごとに「誰が」供託するのかが異なります。
ここは、供託の種類の特性を思い出しながら理解するの
が効率的です。

		当事者能力
自然人（民3Ⅰ・Ⅱ）		○
法人（規13Ⅱ①・14Ⅰ Ⅱ・22Ⅱ⑧・26Ⅱ・27Ⅲ）		○
権利能力なき社団・財団 （規13Ⅱ①・14Ⅲ・22Ⅱ⑧・26Ⅱ・27Ⅲ）	代表者又は管理人の定め　あり	○
	代表者又は管理人の定め　なし	×

これは、そもそも誰が供託の登場人物となれるのかを表している図表です。
何かと似ていることに気付いたでしょうか。

民事訴訟法です。
実は、**供託法にはルールがないので民事訴訟法のルールを借りて運用している**
のです。そのため、この部分は民事訴訟法を学習してから確認してみてください。

供託の種類 ＼ 供託適格	供託者となりうる者	第三者による供託の可否
弁済供託	本旨弁済の提供をした債務者	弁済をなし得る第三者は可能
営業保証供託	法令上担保提供の義務を負う者	×
裁判上の保証供託	法令上の担保義務を負う者	○
執行供託	債権差押えの場合は、第三債務者	×
没取供託	公職の候補者の届出又は推薦届出を する者等	×

この表は、供託の種類ごとに「誰が具体的に供託者となれるのか」を表したも
のです。
ただ、本試験で出題されるのは、この表の右側です。「供託者となりうる者」

はほとんど出題されず、第三者が供託できるかという点ばかり出題されています。

　では、前記の表を1つずつ説明していきましょう。

弁済供託

債務者が供託者になります。弁済するのは債務者だからです。

　ただ、債務者以外でも第三者弁済ができます。**第三者弁済ができるケースは、その人も供託ができます。**

営業保証供託

　営業保証供託は、営業主が供託することになっていて、その人以外は供託することはできません。

　この営業保証供託には、損害賠償の引当金にしたいという趣旨と、商人の信用確保という要請があります。

　営業保証供託の積立金は、かなりの高額です。**高額な積立金を納めてでも営業ができる、資力があるんだってことを公示したいため、**その営業主自身にやってもらう必要があるのです。

裁判上の保証供託

担保提供命令を受けた人　　　それ以外の人

　これは損害の補てんという趣旨しかありません。**誰のお金であっても、損害の補てんにはなる**ので、第三者による供託を認めています（第三者が供託する場合には、相手方の同意は不要ですし、また裁判所の許可などをもらう必要もありません）。

執行供託

　第三債務者のみが供託でき、第三者は供託できません。第三債務者の救済制度なので、第三債務者以外の人にやらせる必要はありません。

没収供託

立候補をする人　　　それ以外の人

　その人の懐を痛めさせて、制度の濫用を防ごうとしています。他の人から供託することができたら、制度の濫用が防げません。

問題を解いて確認しよう

1	意思無能力者は、供託の当事者となることができない。〔元-13-2〕	×
2	登記された法人以外の法人も、供託の当事者となることができる。〔元-13-5〕	○

3	弁済供託においては、債務者以外の第三者が供託者となることはできない。〔4-11-ア（元-13-3、10-9-オ、21-9-イ）〕	×
4	営業保証供託においては、営業をしようとする者以外の第三者が供託者となることはできない。 〔4-11-イ（10-9-ア、13-8-5、20-10-オ、25-10-イ）〕	○
5	裁判上の保証供託においては、当事者以外の第三者が供託者となることができる。〔10-9-ウ（4-11-ウ、13-8-2、19-11-ウ、22-10-ア）〕	○
6	保全命令に係る担保供託は、第三者が当事者に代わってすることができる。〔19-11-ウ〕	○
7	裁判上の保証供託においては、相手方の同意を得なければ、当事者以外の第三者が供託者となることはできない。〔4-11-ウ(22-10-ア)〕	×
8	裁判上の保証供託は、裁判所の担保提供命令によってするものであるので、担保提供を命ぜられた当事者以外の第三者は、裁判所の許可を受けなければ、当事者に代わって供託者となることができない。 〔13-8-2〕	×

------------------------(×肢のヒトコト解説)------------------------

1 権利能力があれば、供託者・被供託者となることはできます（ただ、本肢の意思無能力者は、供託行為ができないので、行為は代理人にやってもらうことになるでしょう）。

3 第三者弁済ができる方は、供託することが可能です。

7 相手の同意を得る必要はありません。

8 裁判所の許可は不要です。

第2編 弁済供託

　これからは供託の種類を1つ1つ見ていきます。ただ、出題が多いのは、弁済供託と執行供託くらいです。

　まずは弁済供託から学習しましょう。

～ちゃんとした債務者には、供託で救済があります～

第1章 弁済供託の受理要件

> ここでは弁済供託が認められる要件を見ていきます。
> 特に、債務の現存・確定という要件が重要になってきます。これがどういった要件なのか、そして事例ごとの結論を判断できるようにしておきましょう。

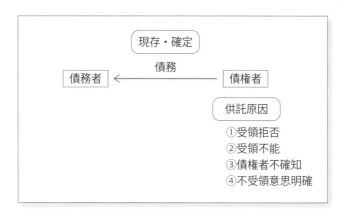

　上記には弁済供託が受理される要件が載っています。

　弁済供託というのは、落ち度のない債務者を救済するために、債務から解放する制度です。そのため、**払える状態でなければ、供託する必要もありません**。そ

のため、払える状態というのが要件になります（これが、**債務の現存・確定です**）。

　また**債権者側にも、供託されてもやむを得ない落ち度が要ります**。それが供託原因というものです。

　まずは現存・確定という要件から見ていきます。

「毎月末日払い」の場合
→　1月分を1/15に提供　→　供託✕

　借りているAが大家に家賃をいつ払えるかは、契約内容によって違います。

　契約内容が毎月末日払いとしている場合、債務は、毎月の末日に発生します。**1月の家賃であれば、1月31日に発生する**のです。そのため、1月15日には、まだ払える状態になっていないので、供託はできません。

「毎月末日まで払い」の場合
→　1月分を1/15に提供　→　供託〇

　この場合、**1月分の家賃は、1月になった瞬間に発生します。**そのため、1月15日は払える状態になっているので、供託することが可能です。

交通事故等の不法行為に基づく損害賠償請求権について、当事者間で賠償額に争いがあるときに、加害者が自己の算定した損害賠償額及び提供日までの遅延損害金を提供したが受領を拒絶された場合、加害者は供託することができる。

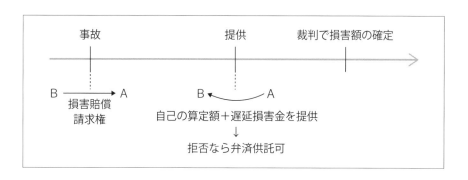

交通事故を起こし、損害賠償の金額について争いになっています。

加害者Aは、1日も早く遅延損害金を止めたいので、弁済の提供をしました。損害額はこれぐらいだろうと考え、弁済の提供をしました。

ただ、被害者Bに「それじゃ全然足りないよ」と拒否されたのです。

この時点で、供託することはできます。

まだ**損害賠償額は確定していませんが、債務は発生していますし、弁済期は到来しています**（事故の時に不法行為債務は発生し、その時点から遅延損害金が発生する、つまり弁済期はもう到来しています）。

このように債務が発生して、弁済期も到来しているので供託の要件をクリアしているため、供託を認めています。

つまり、**賠償額に争いがあったとしても、供託することができる**のです。

問題を解いて確認しよう

1	賃貸借契約における賃料債務について、賃貸人があらかじめ賃料の受領を拒否する旨を明らかにしている場合でも、その履行期が到来するまでは賃料の弁済供託をすることはできない。〔11-10-1〕	○
2	毎月末日までに当月分の家賃を支払う旨の約定のある場合には、賃借人は当該月に入ればいつでも賃貸人に弁済の提供をし、その受領を拒否されたときは、受領拒否を供託原因として供託をすることができる。〔3-12-2（21-9-エ、25-9-ウ）〕	○
3	不法行為に基づく損害賠償債務については、賠償額に争いがある場合には弁済供託をすることができない。〔11-10-4（21-9-ウ）〕	×

✕肢のヒトコト解説

3 金額の争いがあったとしても、供託することは可能です。

LEC東京リーガルマインド　令和7年版 根本正次のリアル実況中継
司法書士 合格ゾーンテキスト 11 供託法・司法書士法

☐ 家屋明渡請求を受け、目下係争中のため受領しないことが明らかであるとして、毎月末日の家賃支払日前にその月分の弁済供託をすることはできない（昭39全国供託課長会同決議）。〔20-9-エ〕

> ★不受領意思明確の事例になっています。これも弁済供託の一種なので、債務の現存確定を満たさなければ供託することはできません。

☐ 銀行の預金債務の弁済供託は銀行の本店所在地に供託すれば足りる。

> ★預金債務は、預金者が債務者の銀行のところに取りに行く取立債務にあたります。

☐ 預金債務につき弁済供託をするときは、弁済期が到来していても、債務者は遅延損害金を付さずに供託することができる（昭57.10.28民四6478号）。
〔6-10-4〕

> ★銀行預金は、取りに行けばいつでも弁済を受けられる性質を有するので、「準備できています」という催告は不要とされ、あらかじめ支払いの準備をしておくだけで遅滞の責任はないと解されています。

第2章 供託原因ごとの検討

ここから、供託原因、債権者の落ち度ごとに先例を紹介します。
まず、落ち度の1つ目、受領拒否というものです。
ここからは、「供託できるか、できないか」という部分に注目して学習をしていきましょう。

第1節 受領拒否

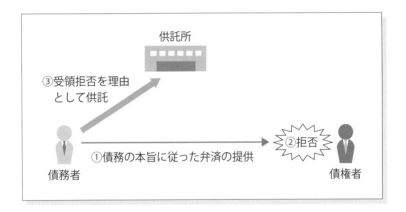

債務者がちゃんとした弁済提供をしたところ、債権者から理不尽に拒否されました。この場合、債務者は、「受取りを拒否されたから、代わりに受け取ってくれ」と、供託所に供託できます。

これが受領拒否を理由とする弁済供託です。

ここでの**ポイント**は、**債務者からの弁済提供の内容**です。

例えば100万円の債務について、20万円持っていって、「これで全額だよね。受け取ってよ」と言っても、債権者は受け取るわけがありません。ちゃんとした弁済提供をしなければ受け取るはずはないのです。

このような債務者は救済する対象ではないので、供託を認めません。

これで到達！　　　合格ゾーン

☐ 債務の一部の弁済提供をし、その提供の受領を拒否されても弁済供託することはできない（昭39.3.28民甲773号）。

> ★100万円の債務に対して、「これで全額です。受け取ってください」と30万円の弁済提供をして、断られました（当然です）。この弁済提供では、契約内容に適合しないため、供託は認められません。

☐ 賃料等の債務につき分割払いの特約がある場合は、それに従った一部の提供の受領を拒否された場合は、その特約による旨を供託書の備考欄に説明記載すれば、有効な供託として受理される（昭37.12.11 民甲3560号）。

> ★100万円の債務を10回払いにした場合、1回10万円の債務の提供は、債務の本旨に従った提供と言えます。

☐ 家賃を毎月支払う旨の約定がある借家契約の借主が、貸主に対し、10か月分滞納している家賃のうちの1か月分とこれに対する遅延損害金につき弁済の提供をしたが、その受領を拒否された場合は、他に延滞家賃があったとしても、受領拒否を理由とする弁済供託ができる。

> ★家賃債務は1月1本ずつ発生します。上記の事例は、1本の債務の一部の弁済提供ではなく、1本の債務の全部の弁済提供になっています。

受領拒否を理由とした供託ができるか
→　債務者が「契約内容とおりの弁済提供」をしているかどうかで判断する

　これからの事例は、「契約内容とおりの弁済提供」をしているか、という観点で見ていきましょう。

> ①弁済期を徒過して金銭債務を提供する場合には、元本債務に履行期後提供日までの遅延損害金等を併せて提供したのであれば、本旨弁済の提供となる。
> ②不法行為に基づく損害賠償債務の場合には、損害額に不法行為時から提供日までの遅延損害金を併せて提供したのであれば、本旨弁済の提供となる。

　金銭債務の場合、弁済期が到来すれば、自動的に遅延損害金という損害賠償債務が発生します。

　債権者側に損害があったかどうかを問いませんし、また、不可抗力であったとしても損害賠償債務は発生します。そのため、**弁済期が過ぎれば、遅延損害金を付さないとちゃんとした弁済提供にはなりません**。

　不法行為による損害賠償債務も同じです。**不法行為の時点で、弁済期が到来していて、その時点から遅延損害金が発生していますので**、遅延損害金を付けなければ、ちゃんとした弁済提供とはなりません。

　ちなみに、遅延損害金が発生しても、その後に弁済提供をした場合には、債務不履行の状態でなくなるので、その後は遅延損害金は発生しません。

問題を解いて確認しよう

1 不法行為に基づく損害賠償債務について弁済供託をする場合には、債務者は、不法行為時から弁済の提供の日までの遅延損害金を加えて供託しなければならない。〔17-11-ア〕　○

2 賃料の支払日が「毎月末日」とされている建物の賃貸借契約において、賃借人が毎月末日に当月分の賃料につき弁済の提供をした場合において、賃貸人が3月にわたりその受領を拒んでいるときは、賃借人は、その3月分の賃料について、供託日までの遅延損害金を付すことなく供託をすることができる。〔令2-10-オ〕　○

3 毎月末に支払うべき地代又は家賃について過去の数か月分をまとめて提供したがその受領を拒否されたとして供託するには、各月分についてその支払日から提供日までの遅延損害金を付して提供したことが必要である。〔14-8-4（24-10-イ）〕　○

□ 売主が売買契約を締結する際に手付金を受領し、買主が履行に着手する前に売主から契約を解除する場合に、手付金の倍額を提供して受領を拒否されたときには、手付金の受領時からの利息を付さないで弁済供託することができる（昭41.7.5 民甲 1749 号）。

★ 売主が行う手付解除は、手付の倍額の提供をすればよいと規定されているため、手付金に利息をつける必要はありません。

□ 農地の売買契約締結後に許可が得られなかった場合に、売主が手付金返還債務につき弁済供託するためには、手付金に不許可通知の到達後提供日までの法定利息を付して提供して受領拒否されたのであれば、弁済供託することができる（昭42.1.9 民甲 16 号）。

★ 許可が得られなかったことによって、支払われている手付金は不当利得となり、かつ、不許可通知到達の時点から、売主は悪意の受益者（民 704）となるため、利息もつける必要がでます。

□ 不受領意思明確に該当する場合、供託日までの遅延損害金を付すことなく供託をすることができる。（最判昭 59.11.26 参照）。〔令 2-10- オ〕

★ 不受領意思明確という不誠実な債権者に対して、債務者は弁済提供をする義務がありません。弁済提供をしなくてもいいので、その不履行である遅延損害金は発生しません。

地代・家賃の増額請求がなされ、賃借人が自己の相当と考える額を提供したが拒否された場合、賃借人は供託することができる。

```
                  増額請求
大家  ──────────────────────▶  賃借人
                                → 賃借人が相当と考える
                                  金額の提供
                                → その後、供託○
```

大家が家賃の増額請求をしました。これは、「うちの家賃は安すぎるから、これから月5万円から8万円にするよ」という請求です（借地借家法で認められている権利です）。

　賃借人は、この言い分に素直に応じる必要はありません。今の家賃である5万円を提供して、もし拒否されれば、供託することができるのです。

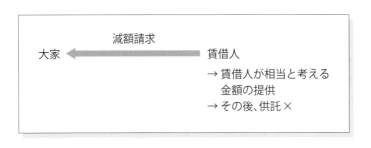

```
               減額請求
大家  ◀─────────────────  賃借人
                          → 賃借人が相当と考える
                            金額の提供
                          → その後、供託 ×
```

　実は、借りている側からも家賃の減額請求ができます。「周りと比べてうちの5万円は高すぎる。3万円にしてくれ」というイメージです。ただここで、3万円を持っていっても、大家は拒否してくるでしょう。

　この場合、賃借人が3万円を供託するのはNGです。これは大家が相当と考える金額が要求されているのです。

　ポイントは、誰が相当と考える金額を供託できるかという点です。

一方的なわがままは認めない、
請求された相手の言い分で供託しろ

と考えましょう。
　だから、大家が増額請求した場合は、相手の賃借人が相当と考える金額を供託できます。逆に、賃借人から大家に減額請求した場合は、その請求を受けた大家が相当と考える金額を供託できます。

☐ 建物の賃借人は、台風で破損した当該建物の屋根の一部の修理を賃貸人から拒まれたため自己の費用で修理をした場合において、賃貸人に賃料と当該修理代金とを相殺する旨の意思表示をした上、相殺後の残額を提供して賃貸人からその受領を拒まれたときは、相殺後の残額を供託することができる（昭40.3.25民事甲636号）。〔24-10-ウ〕

> ★賃借人が必要費を支出した場合、賃借人は賃貸人に対して必要費の償還請求権を持ちます（民608Ⅰ）。ここで、賃借人は、自己の支出した修繕費と賃料とを相殺することが可能で、相殺後の残額を提供して賃貸人からその受領を拒否された場合は、相殺後の残額を供託することができます。

公共料金の値上げを不服とする需要者が、改定前の料金をもって弁済の提供をなしても、本旨弁済の提供とはならない。

今回の水道料金の値上げは納得できない。
以前の水道料金でしか払わないぞ！

　公共料金の値上げがあったのですが、それに不満があったため以前の金額を持っていっても、もちろん、それは受け取ってはくれません。そして、この場合は、受領拒否を理由とした供託もできません。

　公共料金というのは、ちゃんとした手続を踏んで金額が決まります。**手続を踏んで決まった金額なので、それに不満があっても供託を認めない**のです。

共同住宅の賃借人が家賃に毎月使用した電気料金を含めて支払う旨の契約に基づき、電気料金を含めた家賃を賃貸人に現実に提供したが、賃貸人から家賃の値上げを理由にその受領を拒否された場合は、これら家賃と電気料金とを合わせた供託をすることができる。

　公共料金を供託していますが、もめているのは、公共料金の部分ではなく家賃の部分です。そのため、供託が認められています。

> 賃借人が債務の本旨に従った賃料の提供をしたが、賃貸人が受領書を交付しない場合、賃借人は受領拒否を理由として供託できる。

　民法の知識ですが、弁済する時に「領収書を渡さないと払わないよ。領収書をください」と言えました。

　ここで、債権者が「領収書は渡さない」とゴネてきました。

　領収書を渡さなければ、債務者は払わなくてよいのですから、

「領収書を渡さない＝弁済を受ける気がない」ことになります。

　この態度で、受領拒否の意思が表れているため、供託することができるのです。

　上記のような契約状態では、債務者の供託額はいくらでしょう。

　借り入れから1年後、この契約内容どおり、200万円の供託をすることは認められません。利息制限法違反の契約の供託を国が認めるわけには行きません。

　一方、利息制限法の範囲に引き直して債権者に提供したところ、債権者から「200万円でないと受け取れない」と拒否された場合には、その引き直した金額で供託することは認められます。

問題を解いて確認しよう

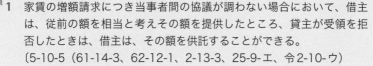

1	家賃の増額請求につき当事者間の協議が調わない場合において、借主は、従前の額を相当と考えその額を提供したところ、貸主が受領を拒否したときは、借主は、その額を供託することができる。〔5-10-5（61-14-3、62-12-1、2-13-3、25-9-エ、令2-10-ウ〕〕	○
2	家賃の減額請求権を行使した賃借人が相当と認める額に減じた家賃を賃貸人に提供し、その受領を拒否された場合には、受領拒否を供託原因とする供託をすることはできない。〔3-12-5（61-14-5、62-12-2、19-9-ア）〕	○
3	電気料金の値上げに不服のある者は、値上げ前の料金額を提供してその受領を拒絶されたときは、提供した金銭を供託することができる。〔60-12-4〕	×
4	公営住宅の家賃が値上げされた場合であっても、賃借人は、従前の家賃を提供し、その受領を拒否されたときは、受領拒否を供託原因として供託をすることができる。〔3-12-4〕	○
5	賃借人から賃料の提供を受けた賃貸人が、その受取証書を交付しないときは、賃借人は受領拒否を供託原因として供託することができる。〔6-10-1（21-9-ア、令4-10-ア）〕	○
6	利息制限法の規定に違反する割合による遅延損害金が定められている金銭消費貸借契約に基づく債務について、弁済期を経過した後に弁済供託をする場合には、債務者は、弁済期から供託の日までの間の利息制限法所定の割合による遅延損害金を加えて供託しなければならない。〔17-11-オ〕	○

×肢のヒトコト解説

3　公共料金に不満があっても、従前の額で供託することはできません。

事例	論点	結論
賃貸人の共同相続人の一人に対して、賃借人が賃料全額を提供したが、その受領を拒否された 　　　　　　　12万 賃貸人　X ────→ 賃借人　Y 　　　　　　＼ 　　　　　　　＼12万提供 相続人　A 　　　　B 　　　　C	①受領を拒否した相続人に、その相続分相当額について、被供託者としての適格性があるか	有
	②受領を拒否した相続人に、賃料全額について、被供託者としての適格性があるか	無
	③共同相続人全員に、賃料全額について、被供託者としての適格性があるか	無

　XがYに賃料12万で家を貸していたところ、Xが死亡してABCが相続しました。ただ、今賃料で揉めています。

　ここで、Yが相続人1人Aに12万提供したところ拒否された場合は、YはAを相手に4万を供託することができます（上記の図①）。ただ、Aを相手に12万供託することはできません（上記の図②）。Aの賃料債権は4万に過ぎないので、4万が限界です。

　ちなみに、相続人全員ABCに対して12万を供託することもできません（上記の図③）。弁済提供を受けたのはAだけなので、被供託者にできるのはAのみとなります。

☑1　家屋の貸主の死亡により数人の相続人が相続によりその地位を承継した場合において、借主が相続人の一人に賃料を提供し、受領を拒否されたときは、借主は、賃料全額の供託をすることができる。（5-10-2（20-9-オ、24-10-オ））　　×

これで到達！ **合格ゾーン**

☐ 建物の賃借人が、賃料の支払場所は賃借人の住所とする特約に基づいて、賃貸人に対し賃料の受領を催告したが、賃貸人が支払日を経過しても受領に来ない場合は、受領拒否を理由として弁済供託することができる（昭45.8.29 民甲3857号）。

★本事例は、取立債務（債権者が債務者の住所に取りに来る）になっています。取立債務では、債務者は現実の提供はする必要はありませんが、「準備できました」という口頭の提供をすることが弁済の提供として要求されています。

第2節 受領不能

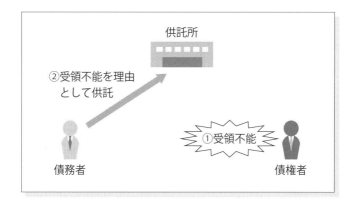

　債務者が債権者のところに持っていったところ、債権者が受け取れない状態でした。例えば、行方が分からなくなっていたり、成年被後見人で法定代理人が誰もいないという状態の場合です。

　債権者が受け取ることができない事態になっていたら、債務者は、供託することができます。これが受領不能による供託です。

持参債務の場合に、債権者その他の弁済受領の権限を有する者が弁済場所に不在のとき（その不在が一時的かどうかを問わない）は、受領不能となる。

約束の日に来たのに、いないなぁ…。

債務者
→ 供託○

債権者の自宅 不在

　持参債務、債務者が債権者のところに持っていくという契約内容でした。ただ、債務者が持っていったところ、債権者がいなかったのです。この場合は受け取ることができないということで、供託ができます。

　しかもポイントは、**長期間いない場合という縛りがない**のです。**単純に一時的にいないというだけで、供託することができます。**

1	土地の賃借人が弁済期に地代を支払うために賃貸人の住所に赴いたところ、賃貸人が不在であった場合には、賃借人は、再度弁済の提供をしない限り、受領不能を供託原因とする供託をすることができない。〔3-12-1〕	×
2	持参債務の債務者が弁済期日に弁済をしようとして電話で債権者の在宅の有無をその住居に問い合わせた場合において、債権者その他の弁済の受領の権限を有する者が不在で、留守居の者から分からない旨の回答があったときは、債務者は、受領不能を原因とする供託をすることができない。〔22-9-3〕	×
3	売買代金債務が持参債務である場合において、債権者が未成年者であって法定代理人を欠くときは、債務者は、受領不能を原因として弁済供託をすることができる。〔令3-10-ウ〕	○

×肢のヒトコト解説

1, 2	持参債務の場合、債権者が一時的に不在であっても受領不能になり供託ができます。

第3節　債権者不確知

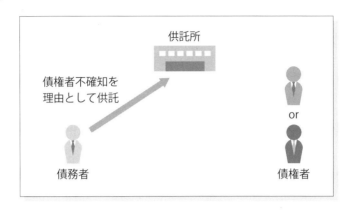

債権者が誰か分からない状態になっています。

　例えば、債権譲渡があった後日、その債権譲渡について有効・無効の争いになっていました。債権者の候補者たちが、「自分が債権者だ。こちらに払え」「いやいや自分が債権者だ」と債務者に詰め寄ってきているのです。

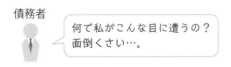

　この場合、債務者は供託をすることによって債務を消滅させることができます。ある意味、「自分は供託したから、ここで抜けますね。債権者はお互いで決めてください」と逃げるような感じですね。

甲が乙に対して持っている債権が丙と丁に二重譲渡されました。

この場合、乙は、「誰に払えばいいか分からないので供託させてくれ」と言えるでしょうか。

これは場合分けが必要になります。

 覚えましょう ....

◆ 二重譲渡と供託の可否 ◆

対抗要件の状況		供託の可否
双方につき確定日付のある通知・承諾なし		○
一方につき確定日付あり		×
双方につき確定日付の ある通知・承諾あり	一方が先に到達した場合	×
	同時送達が明らかな場合	×
	到達の先後が不明の場合	○

双方につき確定日付のある通知・承諾なし	供託可能

　両方とも確定日付がある通知がない場合は、丙も丁も、自分が債権者とは言えない状態です。**乙としてみれば、どっちに払えばいいか分からないという状態になる**ので、供託が認められます。

一方につき確定日付あり	供託不可

　例えば甲から丙の債権譲渡についての通知だけが確定日付が付いていて、甲から丁への債権譲渡の通知には、確定日付が付いていないとします。

　この場合、債権者は丙で決まり、**丙に払えばいいので、供託を認める必要がありません**。

双方につき確定日付のある 通知・承諾あり	一方が先に到達した場合	供託不可
	同時送達が明らかな場合	供託不可
	到達の先後が不明の場合	供託可能

　では両方とも確定日付が付いていた場合は、どうなるのでしょう。

　例えば、丙への譲渡についての通知が先に届いていた場合は、債権者は丙で決まりになり、債権者不確知による供託は認められません。

　では、両方の通知が同時に届いた場合はどうでしょう。これは先に請求した方に全部払えば許されます。誰に払えばいいかが分かる状態ですので、供託を認めていません。

　では最後に、どっちが先に届いたか分からない状態はどうでしょう。これは、最終的には裁判が確定しないと債権者は決まりません。**裁判が確定するまで、どっちに払えばいいか分からない状態なので、供託を認めています。**

　借りているアパートのオーナーＡが死亡し、オーナーの相続人間で、今争いが起きています。
　誰が相続人なのか、またお子さんが何人いるのかでもめているのです。相続人と名乗る人たちが、賃借人に「家賃は私に払え」と言ってきます。
　誰に払えばいいか分からない状態なので、賃借人からの供託を認めています。

　その時のポイントがいくつかあります。

▶Point

債務者の調査義務
　賃借人は、相続人の有無及び相続放棄の有無等につき調査することを要しない。

　大家の相続人が誰なのかを賃借人が調査する義務があるのでしょうか。
　あるわけないです。
　なぜ、賃借人が赤の他人の相続人を調査しないといけないのでしょう…。

> **被供託者の表示**
> 「住所何某の相続人」と記載する。

　次は、供託書にどう書けばいいかという論点です。

　供託を申請する時は、供託書という紙が必要になります。債権者不確知の場合、供託書には「A又はBのどっちかですよ」という記載をするのが通例です。ただ今回の事例では、誰がいるのか分からないので、どっちかですよ、という形式では書けません。

　そのため、「住所何某の相続人」と記載します。

　では、次の論点に移ります。

> **9条**
> 　供託者カ供託物ヲ受取ル権利ヲ有セサル者ヲ指定シタルトキハ其供託ハ無効トス

　供託書に受け取れない人を書いた場合は、その供託は無効とし、債務は消滅しないと規定しています。

　ただ、債権者不確知の場合については、この供託法9条の適用範囲が変わってきます。

> **Point**
> 　債権者不確知を原因として供託した供託関係が、供託法9条の規定により無効となるのは、被供託者の中に還付請求権を有する者が全く含まれていない場合に限られる。

被供託者の住所氏名	A　又は　B
真実の債権者がAの場合	⇒　供託は有効
真実の債権者がCの場合	⇒　供託は無効

　A又はBと記載して供託した後、本当の債権者がAだった場合、供託物を受け

取れないBを書いていますが、ここでは供託法9条は使いません。

　債権者不確知供託では受け取れない人を書いてしまうのはしょうがないため、債権者がAだった場合は有効です。

　一方、真実の債権者がCだった場合はどうでしょう。この場合、供託物を受け取れる人を全く書いていなかったことになります。そのため、**この供託は無効となり、債務は消滅することがなく、またCは、この供託物を受け取ることもできません。**

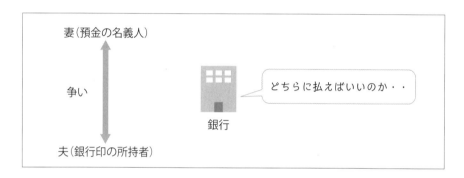

　預金は名義人のものではなく、実際のお金を預金した者の所有物と解されています。

　ただ、誰がお金を預けているのかは、銀行には分からないこともあり、銀行が払い先に困ってしまうため、昔は、印鑑と預金証書の両方を所持する者に対して善意・無過失で弁済した場合、その弁済を有効としていました。

　ただ、**今回の事案は、妻は通帳、夫は銀行印を持っている状態なので、そのどちらに払っても有効な弁済とはなりません。**

　そのため、このような銀行の二重弁済の危険を回避させるため、**供託を認めました。**

1 確定日付のある2通の債権譲渡通知が同時に送達された場合には、債務者は、債権者不確知を供託原因とする供託をすることができない。〔3-12-3（20-9-ア、22-9-5、26-10-ウ）〕　　○

2 債権者がその債権をA及びBに二重に譲渡し、そのそれぞれについて確定日付ある譲渡通知が債務者に到達したが、その先後関係が不明である場合には、譲渡通知は同時に到達したものとして取り扱われるから、債務者は、「A又はB」を被供託者として債権者不確知供託をすることはできない。〔14-9-イ（22-9-1）〕　　×

3 賃貸人の死亡により相続が開始した場合において、相続人がその妻と子であることが判明しているときは、子が何人いるか明らかでない場合であっても、賃借人は、債権者不確知を供託原因として供託することはできない。〔6-10-2〕　　×

4 賃貸人が死亡した場合において、賃貸人の相続人の有無が債務者に不明であるときは、賃借人は、賃貸人の相続人の有無を調査しなくとも、債権者不確知を原因とする賃料の供託をすることができる。〔22-9-4〕　　○

5 供託物を受け取る権利を有しない者を被供託者としてされた供託は無効であるから、「A又はB」を被供託者として債権者不確知供託がされた場合において、Bが還付請求権を有しないときは、当該供託は、全体として無効となる。〔14-9-ウ〕　　×

6 被供託者を「A又はB」とする債権者不確知供託については、第三者Cが、A及びBを被告とする訴訟の確定判決の謄本を添付して、Cが当該供託に係る債権の実体上の権利者であることを説明したとしても、Cは、供託物の還付を受けることはできない。〔14-9-オ（26-10-オ）〕　　○

7 婚姻中にされた妻名義の銀行預金について、離婚後、夫であった者が預金証書を所持し妻であった者が印鑑を所持して互いに自らが預金者であることを主張して、現に係争中である場合であっても、銀行は、債権者不確知を供託原因として供託することはできない。
〔6-10-3（63-13-3、令3-10-オ）〕　　×

╭─────── ×肢のヒトコト解説 ───────╮

2 先後不明の場合には、供託することが認められています。

3 子が全員分からなければ、債務者は弁済しようがありません。そのため、供託することが認められます。

5 Aが還付請求権を持っているのであれば、この供託は有効と扱われます。

7 供託することが可能です。

╰────────────────────────────────╯

第4節 債権者の不受領意思明確

例えば、債権者と債務者で訴訟になっている場合を想像してください。ここで債務者が弁済の提供をしたら債権者は受け取るでしょうか。

受け取ることはないでしょうね。

現実の提供をしても無駄ですし、また口頭の提供（弁済の準備ができましたという連絡です）をしても、無駄でしょう。

債権者の拒絶の意思が強固で、受領しないことが明確	→ 弁済の提供をしても無駄	→ 債務者は弁済の提供をせずに、直ちに弁済供託可

このような場合は、**弁済の提供なしで供託することを認めています。**
これが不受領意思明確を原因とする供託です。

では、どういった状態が、不受領意思明確と扱われるのでしょうか。
これは、**先例を覚えるしかありません。**司法書士試験では、この部分の論点は

先例どおりにしか出ませんので、先例のキーポイントを覚えてください。

不受領意思明確かどうかの判断
→　キーポイントになる言葉があるかないかで判断する

　次の図表ではキーポイントになるところを赤字にしています。その部分の言葉が出てきたら、不受領意思明確、これがなければ不受領意思明確ではないと判断してください。

不受領意思明確に該当する	不受領意思明確に該当しない
①賃借物（不動産）の明渡請求があった場合において、現に明渡**訴訟が提起**されているか、当事者間で明渡しに関し、**係争中**であるとき	①賃貸人が家屋の明渡請求をし、あらかじめ受領を拒否した場合
②賃貸人が家屋の明渡請求をし、賃借人がその後**6か月間毎月末日に現実に提供をしたが受領を拒否されている**ため、今月も受領しないことが明らかであるとき	
③建物賃貸人が、**賃借権自体を否認して**、家賃の受領を拒否している場合	
④賃貸人の賃料増額請求に対して賃借人が従前の賃料を提供したが、「**要求額でなければ今後の賃料一切を絶対に受領しない**」として受領拒否した場合	②賃貸人の賃料増額請求に対して、従前の額を提供して受領拒否されたことを理由に供託した後、賃貸人（被供託者）が再三にわたり増額請求をし、かつ、全く供託金の還付請求をしない場合の、その後の賃料の弁済供託

問題を解いて確認しよう

1　債権者が弁済を受領しないことが明らかである場合には、弁済の提供　○
　　をすることなく、供託することができる。〔63-11-1〕

2　賃貸人が賃料の増額請求をした場合において、あらかじめ賃貸人が賃　○
　　借人の提供する賃料の受領を拒否し、現に係争中であるときは、賃借
　　人は、現実の提供及び口頭の提供をすることなく、従来からの賃料の
　　額を供託することができる。〔19-9-オ（24-10-ア）〕

3　建物賃貸借契約の賃借人が賃貸人から建物明渡請求訴訟を提起される　○
　　とともに、今後は賃料を受領しない旨をあらかじめ告げられた場合に
　　は、賃借人は、その後に弁済期の到来した賃料について、現実の提供
　　又は口頭の提供をすることなく供託をすることができる。〔30-10-4〕

第**3**編　供託手続

これから、供託に関する手続面を見ていきます。

　ここは毎年1問は出題される重要論点です。まずは、手続全体の流れ、名称を押さえていきましょう。

～供託金を預けるときはスムーズ。でも払い戻すときはいろいろあります～

第**0**章　手続の全体像・請求権との関係

供託手続は大きく分けて、預ける手続と、引き出す手続に分かれます。
預ける手続のことを供託申請手続と呼びます。引き出す手続のことは、供託物払渡手続と呼びます。

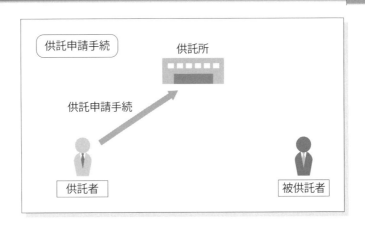

　例えば、左の人が右の人に金銭の支払い義務を負っているとします。ところが債権者が受領できないため、債務者は預かってくれるよう申請することにしまし

た。それを供託所という国の機関に申し立てます。

　この供託手続が終わると、供託者・被供託者は権利を持ちます。

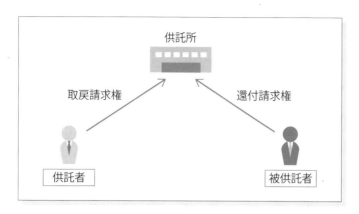

　供託者・被供託者ともに引き出す権利を持ちます。それぞれ取戻請求権・還付請求権と呼ばれます。

　この権利を行使して、供託された物を引き出すことができます。

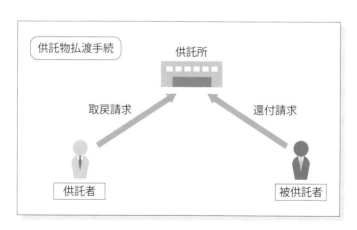

　「払渡し」これが引き出すという意味です。誰が引き出すかによって、名前が違ってきます。

　被供託者が引き出す場合を還付といい、**供託者が引き出す場合を取戻し**といいます。

これから、預ける手続と、引き出す手続を見ていきます。

その前に1つ、頻繁に出題される論点を説明します。

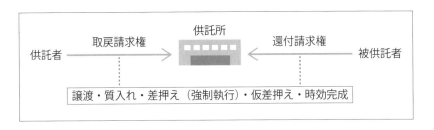

供託をすると、供託者は取戻請求権、被供託者は還付請求権を持ちます。

これは共に**独立の権利なので、これだけを譲渡したり、差し押さえたりすることができますし、この権利だけ時効完成することがあります。**

片方の権利に上記のようなことがあると、他方の権利には何が起きるのでしょうか。

Point

還付請求権と取戻請求権は、権利自体としてはそれぞれ独立しており、一方の処分（譲渡・質入れ・差押え・仮差押え・時効更新・仮処分）は、他方に影響を及ぼさない。

原則として、取戻請求権（還付請求権）に何かあったとしても、還付請求権（取戻請求権）には全く影響が出ないことになっています。

2つの権利は別々のものなので、何も影響を与えないということです。

これが基本ですが、**影響が出ることが2つだけあります。**

Point

還付請求権と取戻請求権は、1個の供託という事実から生じた2個の権利であるため、取戻し又は還付のいずれか一方の行使によって他方も当然消滅する。

取戻請求権（還付請求権）が行使されれば、還付請求権（取戻請求権）は消えます（片方に渡してしまえば、供託所には供託物が残っていないので渡しようが

ありません)。

もう1つ例外があります。

Point

弁済供託の被供託者が供託金還付請求権を第三者に譲渡し、その旨を供託所に通知したときは、供託者は供託金の取戻請求をすることができない。

これは後の、供託受諾を勉強した後に読むようにしてください。

還付請求権の債権譲渡をするということは、供託を認めたことになるので、取戻請求権が消滅するのです。

問題を解いて確認しよう

1	被供託者は、供託者が供託金取戻請求権を第三者に譲渡し、その旨を供託所に通知した場合でも、供託金の還付請求をすることができる。〔7-9-3（元-12-3）〕	○
2	被供託者は、供託金取戻請求権について消滅時効が完成した後は、供託金の還付請求をすることができない。〔7-9-2〕	×
3	供託金還付請求権につき債務の承認がされた場合でも、供託者の供託物取戻請求権の消滅時効は更新しない。〔オリジナル〕	○
4	供託者は、供託物の還付請求権が差し押さえられた場合には、供託物の取戻しを請求することができない。〔2-13-1（62-11-5、10-10-3、11-9-2、13-10-ア、18-10-オ）〕	×
5	弁済供託において、被供託者の債権者が債権者代位権に基づいて供託物の還付を請求した後は、供託者は、供託物の取戻しを請求することができない。〔13-10-イ〕	○
6	供託者は、被供託者が供託金還付請求権を第三者に譲渡し、その旨を供託所に通知した場合でも、供託金の取戻請求をすることができる。〔7-9-4（61-12-1、62-11-3、19-10-エ）〕	×

_____

╭─────── ✕肢のヒトコト解説 ───────╮

2 取戻請求権の時効が完成しても、還付請求権には影響はありません。

4 還付請求権が差し押さえられても、取戻請求権には影響を与えません。

6 還付請求権を譲渡することは、被供託者は供託を認めた行為になります。そのため、取戻請求権は消滅します。

╰──────────────────────────────╯

第1章 供託申請手続

これから、供託物を預ける手続を見ていきます。
全体的な手続の流れを押さえながら、どういったこと
を書く必要があるのか、どういった書類を持っていく
のかを押さえていきましょう。
(本書では、いわゆる簡易手続を考慮しない記載にし
ています。学習が進んだところで、規則27条を読ん
でみるといいでしょう。)

第1節 申請手続の概要

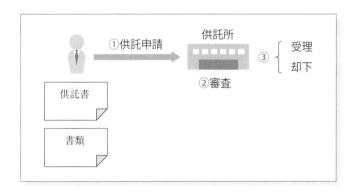

　供託手続は、供託の申請書となる供託書と、いくつか書類を付けて行います。
　供託所はその申請書と書類を見て審査をし、受け入れるか却下するかを決めま
す。そして、受け入れると決まったら、この供託者は、物を入れる手続に入りま
す。

　ここまでのところを、少し細かく見ましょう。

供託申請の方式
① 出頭して申請
② 郵送による供託の申請
③ オンライン申請

供託手続は出頭する必要がなく、郵送やオンラインでも可能です。そしてこの
オンラインの手続は、近年、頻繁に出題されています。

👆Point

次の供託又は請求は、オンラインによりすることができる。
・ 金銭又は振替国債の供託
・ 供託金・供託金利息・供託振替国債の払渡請求

オンラインでできるのは、預ける手続だけでなく、引き出す手続も可能ですが、
物が限定されています。
お金か、振替国債だけです。

お金や、振替国債は振り込むという手続がとれます。有価証券や不動産はそう
いったことはできません。
振り込むことができるものに限定して、オンライン供託・払渡しを認めている
のです。

申請パターン	論点	供託金の納付方法
① 現金受入庁に申請する場合（規20 I ）		供託所に納付
② 非現金受入庁に申請する場合（規18 I ・II）		日本銀行に納付
③ 振込方式により供託申請する場合（規20の2 I ）		供託官の当座預金口座への振込み
④ 電子納付をする場合（規20の3 I ）		一定のATM又はネットバンキングを利用した電子納付

受け入れてくれるとなった場合、次は、その物を入れる手続に進みます。

供託所によっては、現金を受け入れてくれるところと受け入れてくれないところがあります。

受け入れてくれるところは供託申請手続の際に、一緒に渡します。

一方、受け入れてくれない場合は、後日、日本銀行に持っていくことになります。

その上で、2つの手続が選べます。

それは口座振込みで納めるという方法（前図③に当たります）と、ネット納付という方法（前図④に当たります）です。

ネット納付については注意が必要です。

▶Point

① オンライン申請でない場合でも電子納付は可能である。
② オンライン申請の場合には、電子納付に限定されている。

手続をオンラインでやらなくても、納入手続だけオンラインで行うということができます。

一方、**オンラインで始めた手続は、オンラインで完結すべきという観点**から、納入手続もオンラインに限定しています。

これで到達！　　　合格ゾーン

☐ 供託申請を郵送で行う場合には、現金取扱庁、非現金取扱庁で下記のように取り扱う。
　① 現金取扱庁の場合
　　供託書、必要な添付等書類、供託書正本返送用に郵券を貼った封筒を現金書留とともに供託所に郵送する方法によって申請と納入の双方を、郵送によってすることができる。

② 非現金取扱庁の場合

　まず、郵送による供託申請を行った後、供託所から返送された供託書正本及び保管金払込書に供託金を添えて日本銀行の本店、支店又は代理店に提出する方法によって納入する。

★現金受入庁に郵送申請する際は、郵送での供託申請時に預入れも行います。
一方、現金非受入庁では、郵送による供託申請を行ったあと、別途、納入手続を行います。

では、この預ける手続が終わった後の、事後処理を見ていきましょう。

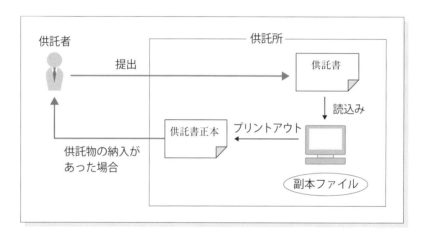

　供託所に、供託の申請書となる供託書が提出されると、供託所はこれを読み込んでデータ化しておきます。

　データ化したものを副本ファイルと呼びます。

　そして、納入手続が終わると、この副本ファイルをプリントアウトし、ハンコを押して、供託者に渡します。**この紙は供託書正本と呼ばれ、供託をした証明書になります。**

問題を解いて確認しよう

1	金銭、有価証券又は振替国債の供託は、郵送又は電子情報処理組織を使用する方法により、することができる。 〔21-11-ア（23-9-ア、令2-9-ア）〕	×
2	金銭の供託をしようとする者は、インターネットを利用した供託申請以外の場合であっても、申出により、供託官の告知した納付情報により供託金の納付をすることができる。 〔18-11-エ（23-9-イ、令4-9-イ）〕	○
3	供託官が、金融機関に供託金の振込みを受けることができる預金口座を開設しているときは、供託者は、当該預金口座に供託金を振り込む方法により供託することができる。〔16-9-ア〕	○

×肢のヒトコト解説

1 振込手続がとれない有価証券を、オンライン申請の方式で供託することはできません。

2周目はここまで押さえよう

◆ オンライン申請 ◆

	通常の供託・払渡し	オンライン供託・払渡し
供託物の適格性	金銭・有価証券・振替国債 動産・不動産	供託 →金銭・振替国債 払渡しの請求 →供託金・供託金利息 　供託振替国債
添付・提示書面	書面の添付・提示が必要	書面に代わるべき情報にその作成者が電子署名したものを送信しなければならない
		申請書情報のみを送信した後、別途添付書面等を当該供託所に提出又は提示することができる。
供託申請　供託書への押印・電子署名	不要	不要
供託物の納付方法	①日本銀行に納入 ②供託所へ納入 ③供託官の口座への振込み ④供託官の告知した納付情報による供託金の納付	供託官の告知した納付情報による供託金の納付
登記された法人が申請・請求するとき	資格を証する登記事項証明書の提示が必要	電子証明書を当該申請書情報と併せて送信したとき →資格を証する登記事項証明書の提示は不要
供託書正本	供託書正本を交付	供託書書面正本の取得
		＜例外＞ ①供託書電子正本のみの取得 ②供託書電子正本及びみなし供託書正本の取得
払渡請求時の供託物の払渡方法	①預貯金振込み ②小切手の振出し ③隔地払い	預貯金振込み

　上記は、書面申請とオンライン申請の比較の図表になっています。ここまで、説明をしていないところを説明します。

添付・提示書面

　オンライン申請の場合、原則は電子署名を施したデータを送信することになります。ただ、データ化できない情報などもあることから、後日「紙」を提示・提出することもできます。

供託書への押印・電子署名

供託時には、供託書に押印がいりません。そのため、オンライン申請の場合も、電子署名をする必要はありません（ちなみに、払渡しの際には電子署名が必要です）。

登記された法人が申請・請求するとき

本来、代表者の資格を立証することになりますが、電子署名を施した場合はそこから判明するので、立証は不要になります。

供託書正本

これは、紙でもらえるのが原則です。ただ、希望すれば「データのみ」「紙＋データ」の形式でもらうことも可能です。

☑ 1	供託書には、供託者又はその代表者若しくは管理人若しくは代理人が記名押印しなければならない。〔18-11-ア〕	×
2	オンラインにより供託をする場合、当該供託をしようとする者は、供託書に記載すべき事項に係る情報に電子署名を行ったものを送信しなければならない。〔オリジナル〕	×
3	電子情報処理組織による供託をしようとする者は、法令の規定により供託書に添付し、又は提示すべき書面があるときは、当該書面に代わるべき情報にその作成者が電子署名を行ったものを送信しなければならず、この送信に代えて、供託所に当該書面を提出し、又は提示することはできない。〔28-10-イ〕	×
4	登記された法人が電子情報処理組織による供託をしようとする場合において、その申請情報に当該法人の代表者が電子署名を行い、かつ、当該代表者に係る電子認証登記所の登記官の電子証明書を当該申請情報と併せて送信したときは、当該代表者の資格を証する書面を提示することを要しない。〔28-10-ウ、令2-9-イ〕	○

5	供託者は、供託書正本に係る電磁的記録の提供を求めた場合には、供託官に対し、当該電磁的記録に記録された事項を記載して供託官が記名押印した書面の交付を請求することはできない。〔28-10-オ、令2-9-オ〕	×
6	電子情報処理組織により金銭の供託をしようとする者は、供託金の納入方法について、供託所に金銭を提出する方法、日本銀行に納入する方法、供託官が開設する預金口座へ振り込む方法又は供託官が告知する納付情報により納付する方法のいずれかを選択し、供託官に申し出なければならない。〔令2-9-エ（28-10-エ）〕	×

第2節 供託書

> **規13条**
> 1　金銭又は有価証券の供託をしようとする者は、供託の種類に従い、第1号から第11号までの様式による供託書を供託所に提出しなければならない。

供託書というのは、供託の申請書です。

この供託の申請書は、**銀行に置いてある振込用紙をイメージ**してください。

銀行に行って振込みをしたい場合、銀行に置いてある決まった様式の紙でないとできません。供託の申請書も同じで、形式が決まっているのです。

では、どういったことが書かれるのか、その概略を紹介します（詳細は、法務省のホームページなどで確認できます）。

【供託書のイメージ】

供託者　　根本正次

被供託者　田中民子

供託金額　10万円

供託原因　弁済期に弁済提供したところ、受領拒否をされた

　何を記載するのかより、書き間違えたときに「訂正できるか」がよく出題されます。

◆ 訂正・加入・削除の可否 ◆

○＝可　×＝不可

記載内容	供託書 に記載した文字	払渡請求書 に記載した文字
供託金額	×	○
有価証券の枚数・総額面	×	×
請求利札の枚数	×	×
その他	○	○

　供託関係の書類を書いていたら、文字などを間違えてしまいました。この場合、間違ったところを訂正できます。

　ただし、訂正ができない箇所があります。それはお金に関する部分です。**一番重要なお金の部分を間違えた場合は、訂正を認めず、供託書を一から作り直す**ことになります。

　ただ、供託書に関しては直せませんが、**払渡請求書の金額については直せます。**払渡請求書というのは、引き出す時の申請書で、これは金額面であっても直すことは許されています（このあたりの理屈は難しいので丸暗記をお勧めします）。

1	供託の申請は、法令に定める事項を記載した書面によりしなければならないが、その様式は、適宜なもので足りる。〔12-8-1〕	×
2	供託書に記載した供託金額は、削除した金額の記載がなお読み得るように二線を引いて記載を削除し、その近接箇所に正書して、その字数を欄外に記載し、押印して訂正することができる。 〔7-11-ウ（12-8-2、21-11-エ）〕	×
3	供託金払渡請求書に記載した供託金額については、訂正、加入又は削除をすることができない。〔57-12-オ（26-9-エ）〕	×

ヒトコト解説

1 決まった形式のもので作成する必要があります。

2 供託書に記載した金額は訂正できません。

3 払渡請求書に記載した金額は訂正ができます。

LEC 司法書士

根本正次のリアル実況中継 司法書士合格ゾーン
テキストの重要部分をより深く理解できる講座が登場！

一発合格者輩出

1回15分だから続けやすい！

スマホで［司法書士］
S式合格講座

49,500円〜

15分1ユニット制・圧倒的低価格

特徴 1

書籍を持ち歩かなくても、スマホでできる学習スタイル
本講座は、忙しい方でもスマホで効率的に勉強ができるように、
1ユニット15分制。書籍を読むだけよりも理解度が高まる！

担当

森山和正 佐々木ひろみ 根本正次
LEC専任講師　LEC専任講師　LEC専任講師

特徴 2

始めやすい低価格 ［4万9500円〜］
皆様の手にとってもらえるように、通学実施に
よる教室使用費、テキストの製本印刷費、DVD制作
費などをなくして、できる限り経費を抑えること
でこれまでにない低価格を実現

▶ 講座詳細はこちら

LEC 司法書士

公式 **X**
&
YouTube チャンネル

LEC司法書士公式アカウントでは、
最新の司法書士試験情報やお知らせ、イベント情報など、
司法書士試験に関する様々なお役立ちコンテンツを発信していきます。
ぜひチャンネル登録＆フォローをよろしくお願いします。

◯ 公式 **X**（旧Twitter）
https://twitter.com/LECshihoushoshi

◯ 公式 **YouTube**チャンネル
https://www.youtube.com/@LEC-shoshi

◆ 供託書の記載事項 ◆

		記載事項
①供託者 （規13Ⅱ①）	自然人であるとき	その氏名及び住所
	法人又は権利能力のない社団・財団であるとき	その名称、主たる事務所及び代表者又は管理人の氏名
②被供託者が特定できるときは、その表示 （規13Ⅱ⑥）	自然人であるとき	その氏名及び住所
	法人又は権利能力のない社団・財団であるとき	その名称、主たる事務所 ×代表者又は管理人の氏名
③代理人により供託する場合		代理人の氏名及び住所 （規13Ⅱ②本文）
④供託により消滅する抵当権又は質権があるとき		消滅する抵当権又は質権の表示 （規13Ⅱ⑦）
⑤反対給付の履行を還付請求の条件とするとき		反対給付の内容（規13Ⅱ⑧）
⑥その他（重要なもの）		・供託物の内容（規13Ⅱ③） 　（供託金の額、有価証券の名称・総額面等） ・供託の原因たる事実（規13Ⅱ④） ・供託根拠法令の条項（規13Ⅱ⑤）

供託書に何を記載するのか、をまとめた図表です。

たとえば、供託をすることによって、抵当権が消滅する場合はその内容を記載します（上記の図表④）。この供託をした場合、取戻請求ができなくなるので、それを明示するためです。

また、「還付請求の条件　自分が反対給付である代金を受領すること」と記載しておくと（上記の図表⑤）、還付請求の添付書面に影響してきます（反対給付をしたことを証する書面がなければ、還付請求できません）。

特に注意して見てほしいのが、代表者の記載をするのかという点です。
供託書は、供託者が作りますが、供託者が法人の場合には代表者を記載しますが、相手側が法人であっても代表者を記載する必要はありません。
結局、自分の代表者は分かるからそれを記載する必要がありますが、相手側の代表者をわざわざ調べて記載する必要はないということです。

ちなみに、①②③に共通するところですが、人の名前を書くときは住所もセットになります（人は氏名と住所で特定するためです）。

✓ 1　法人が金銭又は有価証券の供託をするときは、供託書には、当該法人の名称、主たる事務所及び代表者の氏名を記載しなければならない。〔30-9-イ（2-11-1）〕　○

　 2　代理人により供託する場合（公務員が職務上供託する場合を除く。）には、代理人の住所をも記載しなければならない。〔2-11-4〕　○

　 3　供託により抵当権が消滅するときは、その抵当権の表示を記載しなければならない。〔2-11-5〕　○

　 4　被供託者が法人であるときは、供託書の被供託者の住所氏名欄には、その名称、主たる事務所だけでなく、代表者の氏名をも記載しなければならない。〔令4-9-オ〕　×

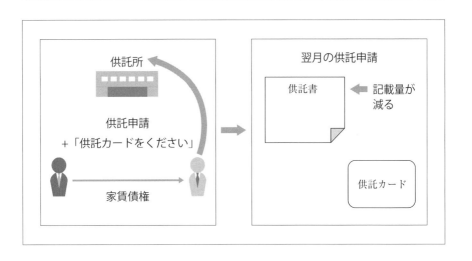

　家賃の金額で揉めて、賃借人が弁済供託をすることになりました。現在大家と交渉中ですが、何か月も揉めそうな感じになっています。

　今後、毎月のように供託することになりそうですが、**そのたびに供託書の全文を書くのは面倒です。**

　そういった場合には、供託をする際に「来月以降も供託すると思うので供託カードを下さい」と申し出ることができます（**義務ではありません**）。

　このカードがあれば、翌月以降、**供託書の全部を記載する必要はなくなります**（具体的には、供託者の住所、被供託者の住所氏名、代理人の住所、供託の原因たる事実等を省略できるようになります）。

問題を解いて確認しよう

1	賃料、給料その他の継続的給付に係る金銭の供託をするために供託書を提出する者は、供託カードの交付の申出をしなければならない。〔21-11-ウ〕	×
2	継続的給付に係る金銭の供託をするために供託カードの交付を受けた者が、当該供託カードを提示して、当該継続的給付について供託をしようとするときは、供託書（OCR用）に記載する供託の原因たる事実については、当該供託カードの交付の申出をした際に供託書に記載した事項と同一でない事項のみを記載すれば足りる。〔30-9-ウ〕	○

×肢のヒトコト解説

1　供託カードの交付の申出は権利であり、義務ではありません。

これで到達！　合格ゾーン

☐ 次に掲げる場合は、供託カードの提示によって供託書の記載に代えることはできない。
① 最後に供託カードによる供託をした日から2年を経過したとき
② 供託者又は代理人の表示に変更が生じたとき

★2年間、供託カードを使わなくなったら失効します。この場合には、新たに供託カードの交付の申出をすることになります。また、供託者の氏名等に変更が生じた場合も、今の供託カードが使えなくなります。

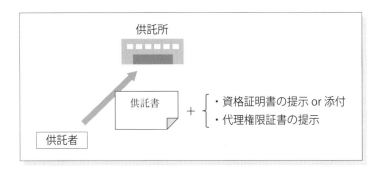

　ここでは、供託申請をする時に持っていく書類を説明します。

　法人だった場合は、代表者の資格を立証するということ、

　代理して作っている場合は、代理関係を立証すること、

この2つを行います。

　実際に起きた事件の内容の立証はしません（供託書に事件の概要を記載しますが、その事件内容を立証することは要求されていません）。

◆ 資格証明書（規則14 I・II・III）◆

供託者		資格証明書
自然人		添付・提示は不要
法人	登記された法人	提示
	登記されていない法人	添付
	権利能力なき社団・財団	添付

　法人の場合は、代表者の資格を立証することになります。ただその立証の仕方が、登記手続と違います。

登記された法人の場合は、資格証明書を持っていって見せればいいのです（これを提示といいます）。供託書に**添付して、提出する必要はありません**。

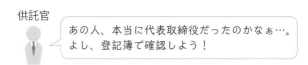

もし後々になって、代表取締役かどうかに疑義が起きても、登記所に確認が取れます。このように**後で確認が取れるので、登記事項証明書などを添付して出す必要はないとしている**のです。

一方、法人の中には、登記されていない法人もあります。例えば健康保険組合などは、法人ですが、登記はされていません。

こういった法人の場合は、**登記所では確認が取れないので、資格証明書の添付が必要**になります。

また、権能なき社団についても、**登記所で確認はできません**から、添付が要求されています。

Point

代理権限証書（規則14Ⅳ）

→ 提示で足りる。 cf. 供託物払渡請求の場合

代理権限証書、これに関しては、一律、提示で構いません。

代理権限を立証するのは、無権代理をおそれているからです。

では、供託申請を無権代理でやる人がいるでしょうか。

無権代理人

> 権限がない。
> でも俺は勝手にあいつの代わりに
> 100 万円預けてしまうぞ！

こんな損することを、勝手にやる人はいないでしょう。

このように、**無権代理で供託する危険が低いということから、提示でいいと**しています。

ちなみに後でやる**引き出す手続では、基本、添付が要求されています（こちらは危険性があります**よね）。

┌─ 問題を解いて確認しよう ─┐

1	登記された法人が供託する場合には、登記所の作成した代表者の資格を証する書面を添付しなければならない。〔4-14-1（12-8-3）〕	×
2	登記された法人以外の法人の職員の給与債権が差し押さえられた場合において、当該法人が供託をするときは、関係官庁の作成した代表者の資格を証する書面を添付しなければならない。〔8-10-ウ〕	○
3	代理人によって供託をしようとする場合には、代理人の権限を証する書面を供託書に添付しなければならない。 〔59-12-エ（4-14-3、12-8-5、18-11-ウ）〕	×

─〈 ×肢のヒトコト解説 〉─

1 登記された法人であれば、あとで登記簿で確認できるため、「提示」で構いません。

3 無権代理をする危険が低いことから、代理権限証書は「提示」で足ります。

2周目はここまで押さえよう

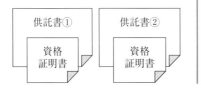 

<本来>　　　　　　　　　　　　<添付書類の援用>

供託書①　　供託書②　　　　　供託書①　　供託書②

資格証明書　資格証明書　　　　資格証明書

　ある法人が、2個以上の供託をすることになりました。本来、資格証明書をそれぞれで提示・添付することになりますが、同じ書面をそれぞれに添付する意味はないでしょう。

　このように2個以上の供託をする場合に、添付書面に同じものがある場合には、一方だけ提示・添付すればよく、他方を省略できます。
　これを添付書類の援用と呼びます。

☑ 1　同一の供託所に対して同時に数個の供託をするときは、各供託書に添付すべき書類が同一であっても、各供託書ごとに当該書類を添付しなければならない。〔30-9-オ〕　　×

2　同一の供託所に対して同時に数個の供託をする場合において、供託書の添付書類に内容が同一のものがあるときは、そのうち1個の供託書に1通のみを添付すれば足りる。
〔7-11-エ（21-11-オ、令4-9-エ）〕　　○

これで到達！ 合格ゾーン

☐ 供託者が振替国債を供託しようとするときは、その振替国債の銘柄、利息の支払期及び償還期限を確認するために必要な資料を提供しなければならない（供託規14の2）。〔21-11-イ〕

★国債証券を供託する場合には、国債を見ることによって、権利内容が分かります。振替国債は紙がないため、内容が分かる資料を提供することが要求されています。

田中民子さんへ

あなた宛てに、100万円の
供託がされています。

これは、供託が終わった後に、被供託者に対し「あなた宛に供託がされましたよ」ということをお知らせする通知です。

ただ、この通知は必ず行うというわけではありません。

供託の種類 　　　　　論点	供託通知の必要性
弁済供託	必要
保証供託	不要
執行供託	不要
弁済供託の性質を有する執行供託	必要
没取供託	不要

基本は**弁済供託だけで行い、ほかの供託では行いません**（弁済供託の性質を有する執行供託では供託通知が必要ですが、これは後で説明します）。

例えば、営業保証供託では、まだ**被害者は分かっていません**から通知しようがありません。

また、執行供託では、**配当計算するまで、いくら還付請求権を持つか分からない**ので、通知しようがありません。

覚えましょう

通知の方法
①供託者自らが供託通知書を発送する。
②供託官に供託通知書の発送を請求する。

この供託通知ですが、昔は供託官がやっていました。

ただ、**迅速に供託通知をしたいという要望も出てきた**ことから、基本は、供託者が通知することになりました。

ただ、今でも供託官に通知してもらうことはできます。その場合は、供託官に発送してくれということを、こちらから頼む必要があります。

Point

通知をしなかった場合の供託
→　供託は無効とはならない。

供託手続をとれば、その時点で、債務消滅という効果が起きます。供託通知書がなかったとしても、供託が無効になって、債務消滅の効果が起きないということにはなりません。

ちなみにこの供託通知書という紙は、今後の手続で使う場面は全くありません。

問題を解いて確認しよう

1	営業保証金の供託においては、供託の通知をすることを要しない。〔元-11-1〕	○
2	供託者が被供託者に供託の通知をしなければならない場合には、供託者自ら供託通知書を発送しなければならない。〔元-11-3（7-11-オ、18-11-オ、25-9-オ）〕	×
3	供託者が被供託者に供託の通知をしなければならない場合にこれを欠くときは、供託は無効となる。〔元-11-2〕	×
4	被供託者は、供託官から供託通知書の送付を受けていた場合であっても、当該供託の供託物の還付請求をするに当たっては、供託物払渡請求書に当該供託通知書を添付することを要しない。〔29-9-ウ〕	○

2 供託官にやってもらうことも可能です。

3 供託通知をしなくても、債務消滅の効果は生じます。

第2章 供託物払渡手続

令和7年本試験は
ここが狙われる！

> ここからは引き出す手続に入ります。供託手続の中では一番出題が多いところです。
> ①手続の全体像　②添付書類　③その他　と論点が多岐にわたるところです。
> 記憶に残りにくいところなので、特に問題演習を多めにすることで記憶の定着を図っていきましょう。

第1節 供託物払渡手続の概略

払渡しを受ける供託物	受領の方法
金銭	①日本銀行から小切手で受領（規28Ⅰ） ②隔地払い（規28Ⅱ・22Ⅱ⑤） ③預貯金口座に振込み（規28Ⅱ・22Ⅱ⑤） 　※請求者・代理人の口座どちらも可
有価証券	日本銀行から有価証券を受領（規29Ⅰ）

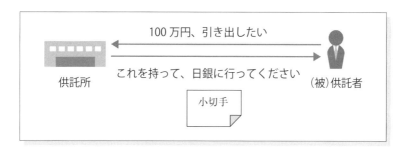

お金を引き出す場合、やり方が3つあります。

1つは、供託所で「引き出したい」と申請した後、**供託所から小切手をもらう方法**です（**供託所から現金がもらえることはありません**）。そして、その小切手を持って日銀に行き、お金をもらうことができます。

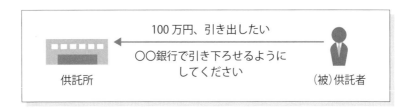

日銀に行くのが面倒だという人は別の手段も使えます。それが隔地払いという方法で、**自分が受け取りやすい銀行を指定して、そこで受け取ることができます。**

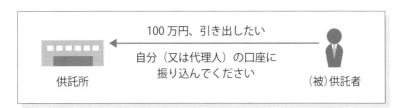

また、**預金口座への振込みということも認められています。**これは、請求者本人の口座でもいいし、また代理申請の場合は、**代理人の口座でも構いません。**

一方、有価証券の場合は、一律、日銀まで行ってもらうことになります。

供託物	払渡請求書の通数
金銭	1通
有価証券	2通
振替国債	2通

払渡請求書、これは引き出す時に必要になる申請書のことです。

これは必要な通数が異なっていて、**お金を引き出したい場合は1通、それ以外を引き出したい場合は2通**と覚えてください。

例えば、有価証券を引き出したい場合、2通を供託所に提出したあと、1通は返却されます。それを持って日銀に行くのです。

現金の場合は、小切手をもらってそれを日銀に持って行きましたが、有価証券の場合は、払渡請求書1枚を返してもらって、それを持って日銀に行くことになっています（**日銀に行くためのチケット**になると思えばいいでしょう）。

問題を解いて確認しよう

1　金銭供託の払渡しの場合における供託金の交付は、日本銀行あての記名式持参人払の小切手を払渡請求者に交付する方法によるほか、請求者が払渡請求書に記載して希望するときは、払渡請求者の預貯金に振り込む方法によることもできる。〔14-10-3〕　　○

2　代理人により供託金の払渡しを請求する場合には、当該代理人の預金口座に振り込む方法により供託金の払渡しを受けることができる。〔6-9-イ（12-9-エ）〕　　○

3　供託物が有価証券である場合には、供託物の払渡請求者は、供託物払渡請求書2通を提出しなければならない。〔24-9-ウ〕　　○

4　供託物が振替国債である場合における払渡請求にあっては、請求者は、供託物払渡請求書2通を提出しなければならない。〔20-11-オ〕　　○

	通常の払渡し	オンライン払渡し
供託物の適格性	金銭・有価証券・振替国債 動産・不動産	供託金・供託金利息 供託振替国債（規38）
払渡請求時の供託物の払渡方法	①預貯金振込み・国庫金振替 　（規28） ②小切手の振出し（規28） ③隔地払い（規28）	預貯金振込み（規43）

供託手続だけでなく、払渡手続もオンラインですることが可能です。

ただ、ものに限定があります。

これは、供託手続と同じく**「金銭・振替国債」など振込手続が取れるものに限っている**のです。

そして、払渡しの方法も限定されています。**オンラインの場合には、「預貯金振込み」のみ**となっています。

払渡しの請求がオンラインの場合は、実際の引き出す行為も、出頭をしない預

貯金振込みのみに限定しているのです。

問題を解いて確認しよう

1	金銭又は振替国債の供託は電子情報処理組織を使用してすることができるが、供託金、供託金利息又は供託振替国債の払渡しの請求は電子情報処理組織を使用してすることはできない。〔28-10-ア〕	×
2	電子情報処理組織を使用して供託金の払渡請求をする場合には、日本銀行宛ての記名式持参人払の小切手の交付を受ける方法、預貯金振込みの方法又は国庫金振替の方法のいずれの方法によっても、払渡しを受けることができる。〔26-9-イ〕	×
3	オンラインにより供託金又は供託金利息の払渡しが請求された場合、その払渡しは、小切手の振出しの方法によらなければならない。〔31-10-オ改題〕	×

ヒトコト解説

1 金銭、振替国債であればオンラインで可能です。

2,3 小切手の交付は認められていません。

これで到達！　合格ゾーン

　供託金払渡請求があった場合、供託官が払渡請求を理由ありと認めた場合、原則として小切手を振り出して、請求者に交付することとなるが（供託規28Ⅰ）、この小切手の交付があれば、払渡請求権は消滅する（最判平10.7.14）。

〔17-10-ウ参照〕

★供託所の負っている払渡請求義務は、小切手を渡すことで消滅します（小切手を日銀に持っていって現金の払渡しを現実に受けたときではありません）。

第2節 供託物還付手続

　還付手続とは、被供託者が引き出す手続のことです。

　詳細な手続に入る前に、特殊な還付の方法を紹介します。留保付還付請求という方法で、これは**条件を付けて還付するというやり方**です。

賃借人が、5万円を賃料全額として供託
　　↓
賃貸人が、5万円を賃料の一部として還付を受ける　　○

　この図ように、賃料の額でもめているようで、賃借人が5万円を供託しました。ここで賃貸人が単純に5万円を引き下ろしたら、賃借人からこういわれるでしょう。

　これは賃貸人にとっても不都合な状態です。かといって、いつまでも還付請求をしなければ賃貸人も生活に困ります。

　そこで、以下のような条件つきの引き出しを認めました。

これが留保付還付請求と呼ばれる手法です。

　ただ、条件付きで引き出すといっても、どんな条件でも付けられるわけではありません。**金額の一部として引き出すことは認めていますが、性質を変える条件は認めていません。**

> 賃借人が、5万円を賃料全額として供託
> 　↓
> 賃貸人が、5万円を損害賠償金として還付を受ける　×

　賃借人が賃料として供託したのに、

何が家賃だ！ これは今までの迷惑料としてもらうぞ！

賃貸人

と言って引き出すことは認められません。

　家賃として預かった以上は、家賃以外の名目での引き下ろしを認めてはいけないのです（家賃債務が消滅したと思っている賃借人に、酷な結果になるためです）。

問題を解いて確認しよう

1	債務者が債務の全額に相当するものとして弁済供託をした場合であっても、債権者たる被供託者は、債務の一部に充当する旨を留保して供託金の還付請求をすることができる。〔11-10-3（63-12-ウ、19-10-オ、令4-10-イ）〕	○
2	賃料の増額の効力が争われ、受領拒否を原因としてされた従前の額の賃料の弁済供託において、被供託者は、賃料の一部として受領する旨の留保を付して供託金の払渡しを請求することができる。〔60-14-1（61-12-2）〕	○
3	賃料の弁済供託があった場合には、被供託者は、賃貸借終了後の賃料相当額の損害金として受領する旨を留保して供託金の払渡しを受けることができる。〔59-11-2（11-10-2）〕	×

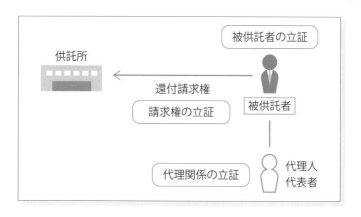

次は立証書面です。引き出す手続では、立証する点が3点あります。

「引き出す被供託者が権利を持っているということ」

「引き出す人の本人確認をすること」

「法人や代理人を使っている場合は資格などを立証するということ」です。

> 預ける時より、引き出す時の方が立証内容が増えます。

預ける手続より、引き出す手続の方が危険性が高いからです。

まずは「権利があることの立証」から説明していきます。

覚えましょう

◆ 還付を受ける権利を証する書面 ◆

原則	添付
例外	副本ファイルにより被供託者の権利内容が明確にされている場合（規24 I ①但書） Ex. 受領拒否を原因とする弁済供託

原則として、自分に権利があることの立証が必要です。ただ、供託所に残っているデータで、その人に権利があることが分かる場合があります。

例えば、弁済供託です。

〈例1〉

供託者	A市B町	甲
被供託者	A市C町	乙
供託金額	金200,000円	
供託の事由	令和6年2月7日に受領拒否された。	

供託所には、供託書を読み込んだ副本ファイルというデータがあります。上記の四角枠が副本ファイルのデータの一部だと思ってください。

このデータを見ることによって、「乙が20万円の還付請求権を持っている」ことが分かりますね。そのため、還付を受ける権利を立証する必要はありません。

弁済供託の場合は、副本ファイルのデータで分かることが多いので添付が省略できることがほとんどですが、絶対に**副本ファイルで分かるというわけでもありません**。次の例を見てください。

〈例2〉

供託者	A市B町	甲		
被供託者	A市C町	乙	又は	A市D町　　丙
供託金額	金200,000円			
供託の事由	乙丙の債権譲渡の可否が分からず、債権者不確知である。			

この場合、乙か丙が20万円の還付請求権を持っているというのは分かりますが、実際どっちが持っているのかまでは分かりません。

そのため、乙か丙のどちらが持っているかを立証しないと還付を認めないのです。

一般的には乙と丙で訴訟をして、その判決書などが証明書となることが多いで

す。ただ判決に限らず、私人が作った承諾書でも構いません。

承諾書
丙が債権者であること
を認めます
　　　　　　　乙　㊞

　ライバルの乙が、「もう丙の方で構いませんよ」といった承諾書を作った場合、これでも許されます。ある意味ギブアップみたいなものですね。
　一方、次の承諾書はダメです。

承諾書
丙が債権者であること
を認めます
　　　　　　　甲　㊞

　供託した本人甲が、丙が債権者だということを承諾しても、添付書類になりません。
　おそらく丙と乙で訴訟になっている状態です。これを、甲の意思で覆すのはマズイという配慮があるのでしょう。

　このように弁済供託の場合は、副本ファイルで分かる場合と分からない場合がありますが、他の供託の場合はどうでしょうか。

〈例3〉
供託者　　　　　A市B町　　　　甲
被供託者
供託金額　　　　金15,000,000円
供託の事由　　　令和6年2月7日から、東京都……で宅建業を営むため

　これは、営業保証供託の場合の副本ファイルのイメージと思ってください。
　営業保証供託は、営業開始前に行います。誰が引き出せるかというと、被害者が引き出せるのですが、**供託時は、被害者が誰かは分かりません**（分かっていた

第3編　供託手続　◆　第2章　供託物払渡手続

LEC東京リーガルマインド　令和7年版　根本正次のリアル実況中継
司法書士　合格ゾーンテキスト　⓫供託法・司法書士法

85

ら怖いです…）。だから被供託者欄は空白です。

その後、営業を始めて被害者が出ても、このデータでは分からないため、営業保証供託で還付をする場合には、還付を受ける権利を証する書面は必要となります。

このように弁済供託では不要なことはありますが、**それ以外の供託では添付が必要**だと思ってください。

─── 問題を解いて確認しよう ───

1	供託書副本又は副本ファイルの記載により、被供託者が還付を受ける権利を有することが明らかである場合には、供託物払渡請求書に還付を受ける権利を有することを証する書面を添付することを要しない。〔63-12-オ〕	○
2	債権者不確知を原因とする弁済供託について、被供託者のうちの一人が供託物の還付を請求する場合において、供託物払渡請求書に他の被供託者の承諾書を添付することができないときは、供託者の承諾書及び印鑑証明書を添付すれば足りる。〔15-11-3〕	×

─── ✕肢のヒトコト解説 ───

2 供託者の承諾書で、被供託者たちの紛争を止めることはできません。

 2周目はここまで押さえよう

添付書類として、承諾書をつける場合には印鑑証明書が要求されます。
上記の例でいえば、
Aではない人が、Aを騙って作成しないよう
Aしか持ちえない実印を押して、印鑑証明書を添付することを要求しているのです。
では、この印鑑証明書は、いつ作ったものである必要があるのでしょうか。

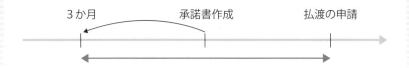

　通常、印鑑証明書は申請する3か月前以内のものが要求されることが多いです。ただ、この印鑑証明書は異なります。

　承諾書作成の3か月前以内のものであれば、いつでもいいとされています。

　承諾書をとってから、訴訟が行われ、しばらくしてから払渡請求するということがあるため、作成期間については相当緩いルールにしているのです。

☑1	供託物の払渡請求者が供託物払渡請求書に利害関係人の承諾書を添付すべき場合には、当該承諾書に押された印鑑に係る印鑑証明書であって払渡請求の日前3か月以内に作成されたものを併せて添付しなければならない。〔24-9-ア〕	×
2	供託物払渡請求書に利害関係人の承諾書を添付すべき場合には、当該承諾書に押された印鑑に係る印鑑証明書（当該承諾書の作成前3か月以内又は当該承諾書の作成後に作成されたものに限る。）を併せて添付しなければならない。〔18-9-ウ（17-10-エ、29-9-エ）〕	○

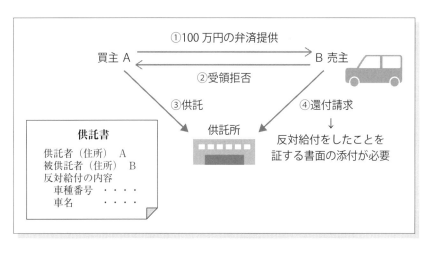

ＡとＢが売買契約をし、Ａがお金を持って行ったところ、Ｂが受け取りません。そこでＡが代金を供託することになりました。

　ただ、ここで何の条件も付けずに代金を供託すると、Ａに車を渡してもいないのに、Ｂはお金を引き出すことができてしまいます。Ａとしてみれば、それでは面白くありません。

　そこで、**供託書に「自分が反対給付を受け取ったら、Ｂは引き出していい」**と書いておいて、条件設定をしておくことができるのです。

　この後Ｂが還付請求をする時は、「車は確かに受け取りました　Ａ」といったＡの領収書がなければ、還付請求はできなくなります。

 覚えましょう

	印鑑証明書
本人申請で請求する場合	本人のもの（規26Ⅰ）
委任による代理人が請求する場合	本人のもの（規26Ⅰ）
法定代理人が請求する場合	代理人のもの（規26Ⅱ）
登記ある代理人、法人等の代表者等が請求する場合	代理人・代表者等のもの（規26Ⅱ）

　次は本人確認です。**還付請求の手続に来た人が本当にＡなのかということを確認するために、実印を押して印鑑証明書を付けることを要求しています。**

　では誰の実印がいるのでしょうか。

　Ａ本人が申請するのであれば、もちろんＡの実印と印鑑証明書が必要となります。

　では、Aが司法書士を使っていた場合は、誰が実印を押印して印鑑証明書を付けるべきでしょうか。

　これは司法書士の実印＋印鑑証明書ではなく、**本人Aの実印と印鑑証明書が必要**です（**司法書士の本人確認を取りたいのではなく、A自身の本人確認を取る**のです）。

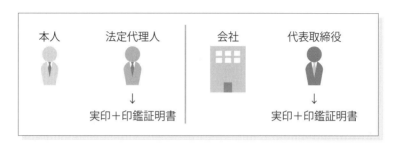

　もしAが未成年で、Bという法定代理人が代わりに動いた場合はどうでしょうか。

　この場合は、**Bの実印と印鑑証明書が必要**になります。

　同じ代理でも任意代理と法定代理で結論が異なります。そして、会社の場合は、会社の代わりに動く代表者について本人確認を取ることになります。

代表者の 資格証明書	①登記された法人	提示
	②登記なき法人	添付
	③権利能力なき社団・財団	定款・寄附行為とともに添付
代理権限証書	原則	添付
	登記ある代理人による場合	提示

　代理権限証書以外の結論は、供託申請時と同じになっています。

　代理権限の証書は供託時は提示でいいけど、**還付の時は無権代理の危険があるから、添付になっています**。

　ただ、代理人であったとしても、それが支配人のように登記されている代理人の場合は、後でウラが取れるので、提示でよいとなっています。

1 供託者が供託書に反対給付の内容を記載している場合において、供託　○
　物の還付を受けるときは、その反対給付をしたことを供託者の書面又
　は裁判・公正証書その他の公正な書面によって証明しなければならな
　い。〔54-10-3（58-12-3、63-12-イ）〕

2 委任による代理人によって供託物の払渡しを請求しようとする場合は、　○
　委任による代理人の権限を証する書面に押された印鑑につき市町村長
　又は登記所の作成した印鑑証明書を添付しなければならない。
　　　　　　　　　　　　　　　　　　　　　　〔8-10-オ（4-14-4）〕

3 支配人その他の登記のある代理人が供託物の払渡しを請求する場合に　×
　は、供託物払渡請求書に登記所が作成した代理人であることを証する
　書面を添付しなければならない。〔57-12-ア（4-14-5）〕

4 委任による代理人によって供託物の払渡しを請求する場合には、代理　×
　人の権限を証する書面を提示すれば足り、供託物払渡請求書にこれを
　添付することを要しない。〔24-9-オ〕

─────── ×肢のヒトコト解説 ───────

3 登記ある代理人なので、登記所でウラが取れます。そのため、添付まで要求
　されず、提示で足ります。

4 還付は危険なので、添付まで必要です。

第3節 供託物取戻手続

☞Point

供託の取戻し

→ 供託しなかったものとみなされ、債務は最初から消滅しなかったこと
　となる（民496 I）

　取戻しというのは、「供託をやめます。返してください」という供託者の行為
です。

　つまり、供託行為の撤回になります。

そのため弁済供託をした後に取戻しをすれば、供託したことによる「債務が消滅した」という効果もなくなり、債務は復活します。

ではどんな時に取戻しができるのでしょうか。

取戻請求ができる場合	内容
供託錯誤	供託が錯誤で無効のとき ・供託原因が存在しないのに供託した場合 ・真実と異なる者を被供託者として誤って供託した場合 ・管轄を間違えて供託した場合
供託原因消滅	供託後に供託原因が消滅したとき ・弁済供託の原因となった法律行為が解除・取り消された場合 ・営業保証供託をした者が当該営業を廃止した場合 ・裁判上の保証供託の原因となった担保提供命令の取消決定が確定した場合
供託不受諾	以下の要件を充足したとき（民496） ①被供託者が、供託を受諾していないこと ②供託を有効とした判決が確定していないこと ③供託により質権又は抵当権が消滅していないこと ④供託者が取戻請求権を放棄していないこと

　還付と違って、**取戻しができる場合は、限定的になっています**。上記に載っている3つの原因、このどれかがなければ取り戻すことはできません。
　勘違いで供託してしまった場合は、供託錯誤を原因として取り戻すことができます。
　また、供託した意味がなくなったような場合には供託原因消滅を原因に取り戻すことになります。
　そして、相手がいつまでたっても供託を認めないのであれば、供託不受諾を理由に取り戻すことになります。

 覚えましょう

◆ 取戻請求事由 ◆

〇＝該当する　×＝該当しない

	弁済供託	保証供託	執行供託	没取供託	保管供託
供託錯誤	〇	〇	〇	〇	〇
供託原因消滅	〇	〇	×	〇	〇
供託不受諾	〇	×	×	×	×

どんな供託でも、勘違いだった場合には、取戻しができます。

一方、供託原因がなくなった場合は、**執行供託だけNGになっています。**

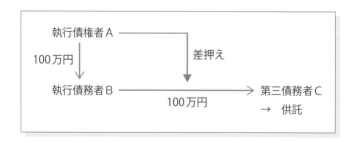

Cは差押えがあったから供託をしています。それによって、Cは自分の債務を消滅させることができました。

この後、差押命令が取り下げられました。ここで、供託した意味がなくなったから、Cは供託所に行って取り戻すことができるのでしょうか。

これは取り戻しても意味がありません。

取り戻すと債務が復活します。Cは、その後Bに払うはめになります。

供託したままでも、CからBの債務は消えています。

このように、供託によって債務は消滅しているのだから、わざわざ取り戻す実益はないため、供託原因消滅では取戻しを認めないのです。

問題を解いて確認しよう

1	錯誤により債務額を超える額の供託をしたときは、債務の同一性が認められる限り、本来の債務額の範囲で供託自体は有効であり、超過額については、錯誤を証する書面を添付して取り戻すことができる。〔14-10-2〕	○
2	契約上の金銭債務について債務者が弁済供託をした後に、被供託者の意思表示により当該契約が解除された場合には、供託者は、錯誤を理由として供託金を取り戻すことができる。〔14-8-3〕	×

━━━━━━━━━━━━(✕肢のヒトコト解説)━━━━━━━━━━━━

2 供託原因消滅を理由とした取戻しになります。

　最後は供託不受諾という、これは弁済供託だけで認められている原因を見ていきます。

◆ 取戻請求権が消滅・不発生の場合 ◆

消滅・不発生の場合　　　　　　　　　論点	方式
①供託者が取戻請求権を放棄した場合	供託時→供託書に記載してする 供託後→放棄書を提出してする
②供託を有効と宣言した判決が確定した場合 （民496Ⅰ前段）	供託を有効と宣告した確定判決の謄本を供託所に提出して行う（規47）
③供託によって抵当権又は質権が消滅した場合 （民496Ⅱ）	供託書に「供託により消滅する抵当権又は質権」を記載する（規13Ⅱ⑦）
④債権者が供託受諾の意思表示をした場合 （民496Ⅰ前段）	供託を受諾する旨を記載した書面を供託所に提出して行う（規47）

　ここに載っている4つの事由のどれかに引っかかると、取戻請求権がなくなったり、そもそも発生しなかったりという状態になります。**この4つに引っかからない状態を供託不受諾といいます。**

　では、1つ1つ説明しましょう。

　供託をすれば、供託者は取戻請求権を持ちますが、**この取戻請求権は、放棄することが可能**です。

　この行為によって、取戻請求権がなくなりますから、その後、取り戻すことはできません。

では、この意思表示は誰から誰に対してすればいいでしょう。

これは権利を持っている供託者から、権利の対象である供託所に対して行うことになります（被供託者に対して行うわけではありません）。

判決

主文　AはBに対して所有権移転登記をせよ。
理由　BはAに対して所有権移転登記請求権を有している。
　　　また、Bの供託によって代金債務は消滅している。

判決の中で供託が有効であることを宣言されています。この場合も取り戻すということを認めません。

取り戻すと債務が復活します。すると、この判決文と矛盾した状態になってしまいます。**判決文と矛盾する行為は認めるべきではないので、取戻しを認めていない**のです。

お金を借りて抵当権を設定していたBが、Aに弁済提供したら拒否されたので、供託しました。

供託をすることによって、債務がなくなり、付従性で抵当権も消滅します。

この状態になると、もう取り戻すことはできません。

1番抵当権が消えれば、2番や3番抵当権者は喜びます。ここで復活を認めれば、**後順位抵当権者に迷惑になるので、取戻しを認めない**のです。

問題を解いて確認しよう

1	土地の売買代金の支払債務が供託によって消滅しているとの認定に基づいて当該土地の所有権移転登記手続を命ずる判決が確定した場合には、供託金取戻請求権を行使することはできない。〔11-9-4〕	○
2	弁済供託によって抵当権が消滅した場合でも、被供託者が供託を受諾するまでは、供託者は、供託物の取戻請求をすることができる。〔元-12-5（58-13-2、62-11-4、10-10-2）〕	×

×肢のヒトコト解説

2 抵当権が消滅することによって、取戻請求権が消滅します。

供託受諾書

下記の供託を受諾いたします。

記
1 供託年月日 　　令和　　年　　月　　日
2 供託番号 　　令和　　年度第　　号
3 供託金額 　　金　　　　　円
4 供託者

令和　　年　　月　　日

福岡法務局供託官殿

被供託者（住所氏名）

これは、被供託者が「供託を認めますよ」という行為をする時に必要な紙です。
「今、受け取りに行けない。後で受け取りたい」といった場合に、事前にこの紙を出しておきます。
これにより、**取戻請求権を消すことができる**のです。

例えば、還付請求権を行使するために訴訟をしている人がいるとします。
その後、訴訟に勝って還付請求をしに行ったら、

もう取り戻されていますよ！ 供託所 被供託者 今までの苦労は…。

なんていう状態は避けたいところです。そこで、事前にこの供託受諾書を出しておいて、向こうの取戻請求権を事前に消しておくのです。

> 被供託者の供託受諾の意思表示は供託所に対して書面で行なう（規47）。
> →　被供託者の供託受諾の意思表示が口頭でされた場合であっても、供託者は取戻請求をすることができる。

書面で供託受諾を行えば、取戻請求権が消滅しますが、口頭で行っても取戻請求権は消滅しません。証拠に残らない形では取戻請求権の消滅をさせないようにしているのです。

> 被供託者の供託受諾の意思表示は撤回することができない。
> →　被供託者が受諾後にその受諾を撤回する旨の意思表示をしたとしても、供託者は取戻請求ができない。

　一旦受諾をすれば、取戻請求権はなくなったという状態で確定します。その後、「供託受諾、やっぱりやめた」と言っても、撤回はできないのですから、消えた取戻請求権は復活しません。

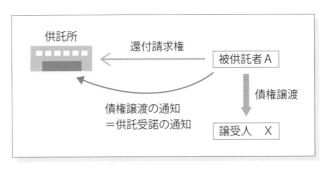

　還付請求権を持っているAは、この還付請求権を譲渡できます。債権譲渡という行為になります。
　債権譲渡ですから、対抗要件が必要になってきます。
　債務者への通知をする場合、譲渡人Aは誰に通知するのでしょう。ここでいう債務者は供託所になるので、**Aは供託所に債権譲渡の通知をすることになります。**

自分が持っている
還付請求権を
Xに譲渡します。

この人、
供託されたことを
認めているな…。

被供託者A　　　　　　　　　　　　供託所

　これは、**Aが供託を認めた行為になります**。供託を認めなければこのような発言をするはずがないため、この通知によって供託受諾となるのです。

　そのため、この**債権譲渡の通知をすることにより、取戻請求権が消滅する**ことになります。

　ちなみに、先例原文は下記のとおりになります。

> 供託所に対して供託金の還付請求権の譲渡通知書が送付された場合、当該譲渡通知の記載文言から、供託受諾の意思表示を有すると認められないときを除き、当該譲渡通知をもって供託受諾の意思表示がされたものと認めることができる（昭33.5.1民甲第917号）。

　譲渡通知書が送付された場合、原則として受諾して処理をする、通知書に「受託の意思ではない」ことが書かれていた場合には受諾しないという扱いです。
（過去問の当てはめに注意をしてください。）

問題を解いて確認しよう

1	弁済供託金につき被供託者が供託所に対して供託を受諾する旨を口頭で申し出た場合には、供託者は、不受諾を理由として取戻請求をすることはできない。〔58-13-1（10-10-1）〕	×
2	供託受諾の意思表示は、いつでも撤回することができる。〔11-11-ウ（61-12-5、19-10-ウ、25-11-エ）〕	×
3	供託金還付請求権の譲渡通知が書面をもってされた場合でも、供託受諾の意思表示があったものと認めることはできない。〔11-11-エ〕	×

4	被供託者が供託所に対して供託物還付請求権の譲渡の通知をした場合であっても、その通知に供託を受諾する旨が積極的に明示されていない限り、供託者は、供託物の取戻請求をすることができる。〔25-11-ア〕	×
5	被供託者が供託所に対し、書面によって供託物還付請求権の譲渡の通知をした場合であっても、その通知に供託を受諾する旨が積極的に明示されていない限り、供託者は、供託物の取戻しをすることができる。〔31-9-イ〕	×

━━━━━━(✕肢のヒトコト解説)━━━━━━

1 供託受諾を口頭で行っても、効果は生じません。そのため、取戻請求権は消滅していないのです。

2 一度行った供託受諾を撤回することはできません。

3 還付請求権を譲渡することによって、供託受諾になります。

4,5 原則として受諾の扱いになります。「受託する」旨の記載は不要です。

2周目はここまで押さえよう

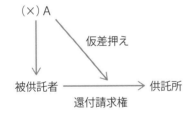

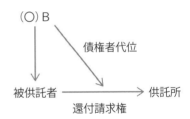

供託受託は誰ができるのでしょう。

「あとで取りに行くよ」という意思表示であるため、被供託者ができるのはもちろんのこと、還付請求権を差し押さえている人もできます。

ただ、上の図のAのように還付請求権を仮差押えしている人はできません。仮差押えをしていても、債権の取立権がないため、Aが「あとで取りに行くよ」という意思を出すことは認められないのです。

一方、上の図のBのように、債権者代位権を使うものは供託受諾の意思表示を出せます。債権者代位をするものには取立権があるため、Bから「あとで取りに行くよ」という意思表示をすることを認めているのです。

> ✅ **1** 被供託者の債権者が債権者代位権を行使することにより供託物の還付請求をすることができる場合には、当該債権者は、債権者代位権の行使として、被供託者に代わって、受諾をすることができる。〔25-11-イ（31-9-ウ）〕　　○
>
> **2** 供託金還付請求権の仮差押債権者は、供託受諾の意思表示をすることができる。〔61-12-4（11-11-オ、19-10-ア）〕　　×

◆ 提示・添付書類 ◆

取戻請求権を証する書面（規25）	取戻請求事由が錯誤	添付（原則）
	取戻請求事由が供託原因消滅	添付
	取戻請求事由が供託不受諾	不要
印鑑証明書（規26）	本人・委任による代理人が請求	本人のものを添付
	登記ある代理人、法人等の代表者・管理人、会社更生法による管理人・保全管理人等が請求	代理人・代表者等のものを添付
代表者の資格証明書（規27Ⅲ・14Ⅰ・Ⅱ・Ⅲ）	①登記された法人	提示
	②登記なき法人	添付
	③権利能力なき社団・財団	定款・寄附行為とともに添付
代理権限証書（規27Ⅰ・Ⅱ）	原則	添付
	登記ある代理人が請求	提示

取戻しをするときの添付書類です。印鑑証明書・代表者の資格証明書・代理権限証書の結論は、還付請求の場合と同じです。

違う点は、取戻請求権を証する書面の部分です。

これは、**取り戻す理由を立証する書面**だと思ってください。

取り戻す理由が錯誤だった場合、勘違いだということの立証が必要です。ただ、

管轄が違っているとか明らかに勘違いが分かるものに関しては、立証は要りません。

次に、供託原因がなくなったということ、これも供託官には全く分かりませんから、立証が要ります。

最後に、供託不受諾です。債権者がいつまでたっても受諾しないので、取戻しをするという場面ですが、**立証は不要**です。
受諾しているかどうかは、供託所側に分かっているため、受諾していないということを、供託所に立証する必要はないのです。

問題を解いて確認しよう

1	供託者が錯誤により供託物を受け取る権利を有しない者を被供託者として弁済供託をした場合において、供託者が錯誤を理由として供託物の取戻しを請求するときは、供託物払渡請求書に当該供託が錯誤によるものであることを証する書面を添付することを要しない。〔18-9-イ〕	×
2	弁済供託について原因消滅、錯誤、供託不受諾等の事由があるときは、供託者は供託金を取り戻すことができるが、いずれの場合においても、取戻しを請求するには、それらの事由を証する書面を供託物払渡請求書に添付しなければならない。〔54-11-2〕	×
3	債権者が供託を受諾しないことを理由として、供託者が供託物を取り戻すときは、取戻しをする権利を有することを証する書面を添付することを要しない。〔15-11-2（18-9-エ）〕	○
4	弁済供託の供託者が供託所に対して取戻請求権放棄書を提出した場合でも、被供託者が供託受諾の意思表示をするまでは、供託者は取戻請求権の放棄を撤回すれば、供託不受諾を原因として、供託物の取戻しを請求することができる。〔オリジナル〕	×

──── ×肢のヒトコト解説 ────

1 供託が錯誤だったことは、供託所には分からないので立証が必要です。

2 供託不受諾の場合は立証が不要です。また、供託錯誤の場合でも、明らかに勘違いが分かるものも立証は不要です。

4 放棄を撤回することはできません。

市町村長又は登記所の作成した印鑑証明書の添付を要しない場合

a 請求者が官公署の場合（規26Ⅲ①）
b 印鑑につき登記官の確認があるとき
c 公的証明書により本人であることを確認することができる場合（規26Ⅲ②）
d 官公署の決定に基づいて払渡しを受けるべき者であることの証明書を供託物払渡請求書に添付した場合（規26Ⅲ⑤）
e 官公署から供託の原因が消滅したことを証する書面の交付を受けた場合（規26Ⅲ④）
f 押印が一致する場合（規26Ⅲ③）
g 裁判所によつて選任された者がその職務として供託物の払渡しを請求する場合において、裁判所書記官が作成した印鑑証明書を供託物払渡請求書に添付したとき

　還付請求・取戻請求では印鑑証明書の添付が必要な場合があります。これは、意思確認ではなく、その人の本人確認のために添付させています。

　この趣旨から、**本人確認が別の手段でとれる場合には印鑑証明書を要求しない**のです。

a　請求者が官公署の場合

　国と地方公共団体の諸機関が請求する場合には、本人確認は別の方法で取れるので印鑑証明書は要求しません。

b　印鑑につき登記官の確認があるとき

　登記された法人の場合、印鑑を登記所（法務局）に提出している場合があります。この場合、法務局内のネットワークを使うことによって、その印鑑を確認することができるので、印鑑証明書の添付は不要になります。

c　公的証明書により本人であることを確認することができる場合

・　運転免許証、個人番号カード、在留カードその他これに類するものにより、その者が本人であることを確認することができるとき。
※　氏名・住所・生年月日・顔写真が載っている公的証明書

　Aさん本人が来ているのかを確認するために印鑑証明書を要求しています。ただ、**世間での本人確認の取り方は運転免許証の方が一般的**ですよね。

　このように**氏名、住所、生年月日、顔写真が載っている公的書面があれば、そ**

れで本人確認になるから、印鑑証明書を持ってこなくていいとしています。

では問題です。パスポートはこの要件をクリアしているでしょうか。

クリアしていません。

パスポート（旅券）には、**名前や顔写真は載りますが、住所が載っていない**からです。

---

d　官公署の決定に基づいて払渡しを受けるべき者であることの証明書を供
託物払渡請求書に添付した場合

・　供託金（10万円未満）の払渡しを請求する場合において、
官公署の決定に基づいて払渡しを受けるべき者であることの証明書（規30Ⅰ）を供託
物払渡請求書に添付したとき。

※　法人のように法令の規定に基づき印鑑を登記所に提出できる者である場合はこの特例
を使えない。

---

e　官公署から供託の原因が消滅したことを証する書面の交付を受けた場合

※　法人のように法令の規定に基づき印鑑を登記所に提出できる者である場合はこの特例
を使えない。

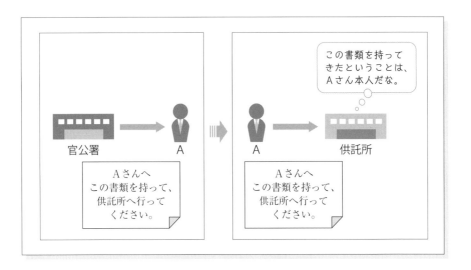

ここは、官公署がＡさんに渡している書類を持ってきた

→　持ってきた人はAさんのはずだ

という理屈で、印鑑証明書の省略を認めている部分です。

ただし、どちらについても**法人はこの手法が使えません**。

法人の場合、**役所から来た書類を誰が受け取っているか分かりません**。そのため、書類を持ってきただけでは本人確認としないのです。

---

f　押印が一致する場合

- 供託申請の時に提示した代理権限証書（委任状）の印鑑と、払渡請求書又は払渡請求書に添付する代理権限証書（委任状）の印鑑が同一。
- 供託申請の時に提示した委任状（代理権限証書）を併せて添付したとき。

これは供託申請時に押したハンコと、払渡請求時に押したハンコが同じ場合を想定しています。**同じハンコを使っているということは、同じ人が来たはずだ**と考えて、印鑑証明書の要求をしないのです。

---

g　裁判所によって選任された者がその職務として供託物の払渡しを請求する場合において、裁判所書記官が作成した印鑑証明書を供託物払渡請求書に添付したとき

破産管財人が選ばれると、個人の実印とは別に、仕事用の実印を裁判所に届出をします（この場合、裁判所が印鑑証明書を作成します）。

ここで、裁判所が作成した印鑑証明書を添付すれば、市町村長作成の印鑑証明書（個人がプライベートで使っている印鑑証明書）を添付する必要はありません。

問題を解いて確認しよう

1　供託物の払渡請求者が個人である場合において、その者が提示した運転免許証により、その者が本人であることを確認することができるときは、供託物払渡請求書に印鑑証明書を添付することを要しない。　　　　〔24-9-エ改題〕　　○

2 個人が供託物払渡請求をする場合には、本人確認資料として旅券を提示することにより、市町村長が作成した印鑑証明書の添付に代えることができる。〔20-11-エ〕	×
3 供託物の払渡請求者が自ら供託物の取戻しを請求する場合において、供託をする際に提示した委任による代理人の権限を証する書面であって当該払渡請求者が供託物払渡請求書に押した印鑑と同一の印鑑を押したものを供託物払渡請求書に添付したときは、供託物払渡請求書に印鑑証明書を添付することを要しない。〔24-9-イ〕	○
4 登記された法人が供託物の取戻しを請求する場合において、官庁又は公署から交付を受けた供託の原因が消滅したことを証する書面を供託物払渡請求書に添付したときは、印鑑証明書を添付することを要しない。〔18-9-オ〕	×

───────── ✕肢のヒトコト解説 ─────────

2 パスポートには住所が載っていないので、本人確認手段にはできません。

4 役所から来た書類を持ってきても、法人の場合には本人確認にはしません。

第4節 特殊な払渡手続

👆**Point**

一括払渡請求（規23）
請求者の手間を省くため、また、供託官の審査の重複等を避けるため、一定の要件の下で一括して払渡請求することが認められている。

　例えば家賃の供託が12か月分されたとします。12か月分された後に、それを下ろしたいといった場合、供託事件はひと月ごとなので、ひと月ごとの申請書を作る必要があるとしたら、それは面倒ですよね。

　そのため、**一定の要件をクリアすれば1枚の紙で還付する、取戻しをすること**
を認めています。これが一括払渡請求というものです。

覚えましょう

一括払渡請求の要件
①同一人の請求であること
②数個の供託について同時に払渡請求をする場合であること
③払渡請求事由が同一であること

これが一括払渡しを認める要件ですが、③ばかり出題されます。

1月から5月までは供託錯誤を理由にし、6月から12月までは、供託原因消滅を理由に取り戻したいという場合はダメです。

取り戻す理由が違うと、審査内容が違ってしまうため、別々の紙で行うことが要請されています。

> **規30条（支払委託）**
> 執行機関による配当等の実施、その他官公署の決定により供託物を払い渡す場合に、執行機関が主導権を握って供託所に支払いの委託をなし、それに基づいて供託所が払渡しを受けるべき者に供託物を払い渡すことがある。

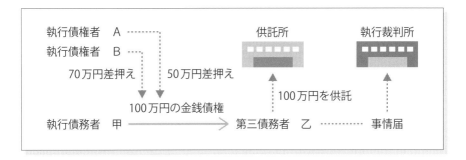

この状況で、乙が供託所に供託をした場合、乙は裁判所に事情届ということをします。「供託をしたので後は宜しくお願いします」こんなニュアンスの届けをするのです。

この事情届があると、裁判所は、ＡＢが受けるべき配当額の計算をします。

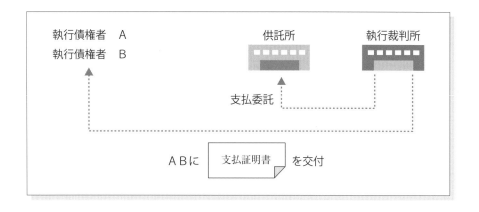

　配当計算をした裁判所は、2つ行為を行います。

　裁判所は、供託所に対して「Aさんに○○円、Bさんに○○円払ってください」というお願いをします。これを支払委託と呼びます。

　また、裁判所は、AとBに支払証明書という紙を渡します。

> 支払証明書
> Aさん、50万円配当します
> 裁判所

　では、Aが払渡請求をする際には、この証明書を添付する必要があるのでしょうか。

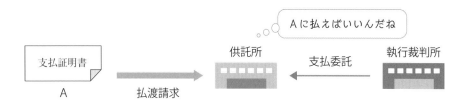

　裁判所からの支払委託によって、供託所は誰に払えばいいかはわかっています。そのため、Aが払渡請求をする際に、支払証明書を添付する必要は原則としてありません（「供託所に保管している支払委託書により供託物の払渡しを受けるべき者であることが明らかとならない」という通常ではありえない場合のみ、添付

が必要になります)。

　ちなみに、これは**先ほど印鑑証明書の添付の例外で説明したdに当たります**（官公署から来た書類を持って来れば本人と扱ってくれるので印鑑証明書が要らなくなる場合です）。

　ただ、**配当を受ける金額が高額の場合には、この書面だけでは怖いので、印鑑証明書を要求することになる**ので注意しましょう（先ほどのdに戻り、要件を細かく見ておいてください）。

問題を解いて確認しよう

1	毎月継続的に家賃の弁済供託がされており、被供託者が数か月分の供託金について同時に還付請求をしようとする場合において、払渡請求事由が同一であるときは、被供託者は、一括してその請求をすることができる。〔20-11-イ〕	○
2	同一人が、2個の供託物の取戻請求をする場合において、当該請求の事由が一方は供託不受諾、他方は錯誤であるときは、一括して払渡請求をすることはできない。〔オリジナル〕	○
3	執行供託における供託金の払渡しは、裁判所の配当等の実施としての支払委託に基づいてされ、供託物払渡請求書には、当該裁判所の交付に係る証明書を添付しなければならない。〔20-11-ア改題（5-9-オ、26-11-オ）〕	×

×肢のヒトコト解説

3　支払証明書を添付することは原則不要です。

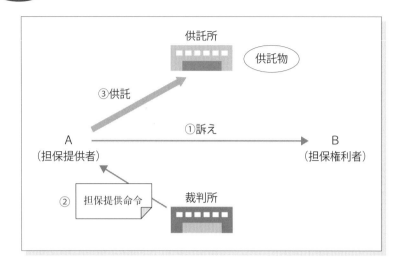

AがBの不動産に仮差押えをしたいと考えています。ただ仮差押えは、仕掛けた後にAに権利がないということが分かる場合もあります。

そこで仮差押えを発令するタイミングで、「やりたかったらお金を積んでください」といった担保提供命令というものを出されることが通常です。

ここで、仮差押えをしたいAが、言われた金額のお金・有価証券を供託するのが保証供託というものです。

この節では、保証供託がされた後の還付手続・取戻手続を見ていきます。

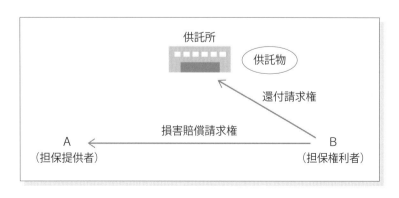

　Aに債権がないことが民事訴訟で判明しました。Bは不当に仮差押えを受けていたことになるので、BはAに対し、損害賠償債権を持ちます。

　この場合、**即座にBは供託所に対し、還付請求権を持ちます。**

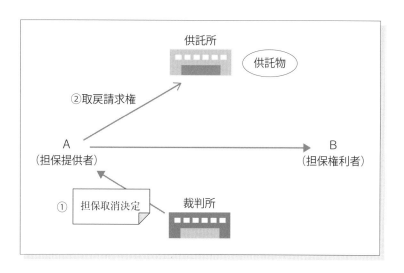

　供託した後に、民事訴訟でAが勝訴した場合はどうなるでしょう。

　Aが勝ったので、もうお金を積んでおく必要はないので取戻しができそうなのですが、即座に取戻しができるというわけではありません。

　取戻しができる理由には、錯誤・供託原因消滅・供託不受諾のどれかの理由がないとできません。今回は、**担保提供命令という供託原因がなくならない限り、取戻しができません。**

　そこで、Aはこの後、裁判所に申立てをして「担保提供命令を取り消します」という決定をもらうことになります。

　これによって、供託原因消滅という状態になり、取戻しができるようになります（取戻しをする際には、これを立証するために**担保取消決定の正本及びその確定証明書を添付します**）。

			払渡しを受ける方法	
裁判上の保証供託	供託者の取戻し		担保取消決定	取戻請求
	被供託者の権利実行		（事前手続なし）	還付請求
営業上の保証供託	供託者の取戻し		公告	取戻請求
	被供託者の権利実行	特別の定め　なし	（事前手続なし）	還付請求
		特別の定め　あり	主務官庁の配当手続	還付請求

　ポイントは、**取戻請求・還付請求をする前にワンクッション手続を踏む必要があるかということ**です。

　取戻しの方は担保取消決定というワンクッションが要りますが、還付の方は要りません。

　一方、営業保証供託の場合はどうでしょう。

　営業保証供託で営業主が取り戻したいという場合、これはワンクッションが必要です。

> 公告
>
> 宅建業者の根本が廃業しようとしていますよ。
> 誰かこの根本に被害を受けた人はいませんか？

　上記のような公告手続が必要になります。これを行っても、誰も被害者が出ていなければ、取戻しができます。

　一方、被害者側が還付を受ける方法は、業種によって違います。

　配当手続で還付を行うというルールが規定されている業種と、配当手続というルールの規定がない業種があります（図表の特別の定めというのは、配当手続の定めという意味だと思ってください）。

　法令上その定めがなければ、被害者はすぐに還付請求できますが、配当手続というものが必要な業種の場合は、官公署が配当計算をし、先ほど見た支払委託という手続をとって還付請求が受けられることになります。

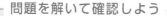

問題を解いて確認しよう

1	訴訟費用の担保として原告が供託した供託物に対する権利の実行については、被告は、裁判所の配当手続によらず、供託所に対し直接還付を請求することができる。〔16-10-ア（22-10-ウ）〕	○
2	旅行業法により登録を受けた旅行業者は、その事業の廃止届を主務官庁に提出すれば、供託した営業保証金の取戻しを請求することができる。〔6-9-オ〕	×
3	法令の規定に基づき配当により供託物を払い渡すこととされている場合であっても、営業保証のため供託した供託物に対して権利を有することの確認判決を得た者は、配当によらないで当該供託物の還付を請求することができる。〔16-10-イ〕	×
4	民事保全法の保全命令に係る担保供託につき担保の事由が消滅した場合には、供託者は、供託物払渡請求書に担保取消決定の正本及びその確定証明書を添付して供託物の取戻しを請求することができる。〔19-11-オ〕	○
5	保全命令に係る担保供託について、担保の事由が消滅し、その供託物の取戻請求をするときは、供託者は、供託物払渡請求書に担保取消決定正本及びその確定証明書又はこれに代えて供託原因の消滅を証する裁判所の証明書を添付しなければならない。〔令2-11-オ〕	○

―――――― ×肢のヒトコト解説 ――――――

2　公告手続をとらないと取戻しをすることができません。

3　配当手続を行う業種では、配当手続以外で還付を受けることはできません。

第6節 利息の払渡手続

規33条（供託金利息）
　供託金利息は、1年について0.0012％とする。

国が預かっているお金には、利息が付かないのが基本です。

ただ、供託事件は長期化になるといった理由もあり、利息が付くようになっています（ただ、利率が非常に低いです）。

> **規33条（供託金利息）**
> 2　供託金利息は、供託金受入れの月及び払渡しの月については付さない。供託金の全額が1万円未満であるとき、又は供託金に1万円未満の端数があるときは、その全額又はその端数金額に対しても同様とする。

　例えば3月10日に供託をした場合、3月については利息が付きません。4月から付きます。

　また、6月10日に供託金を引き出した場合、6月の分については、利息が付かず、5月までしか利息は付きません。つまり、**日割計算をしたくない**のです。**利率自体が低いので、これを日割計算しても、意味がない**でしょう。

　また、供託金額1万9,999円の場合、9,999円には利息は付きません。利率が低いので、少額の部分には付けないのです。

> **規34条（供託金利息の払渡し）**
> 　供託金利息は、元金と同時に払い渡すものとする。

　供託金の利息は、元本を払い戻す際に、総取りできます。還付をする場合は、還付をする人が元本と利息を総取りするし、取戻しをするときは、取戻しをする人が元本と利息を総取りできます。

　基本的に総取りとなるのですが、例外があります。

> **規34条（供託金利息の払渡し）**
> 2　保証として金銭を供託した場合には、前項の規定にかかわらず、毎年、供託した月に応当する月の末日後に、同日までの供託金利息を払い渡すことができる。

　損害賠償の引当金としてお金を積んだ場合、損害賠償の引当てになるのは、元本だけです。**利息部分は引当てとはなりません。**

　だから、その**保証金の利息は、供託した人のものとなります。**そして**この利息は、毎年もらえます。**

令和5年
5/10　　　　　　　6/1　　　　　　　　　　　令和6年
　　　　　　　　　　　　　　　　　　　　　5/31　　　　　6/1
｜　　　　　　　　｜　　　　　　　　　　　｜　　　　　　｜
供託　　　　　　　　　　　　　　　　　　　　　　　　　払渡し
　　　　　　　　　　利息が付される期間

　先ほど見た規則34条を細かく説明します。たとえば、令和4年5月10日に供託をした場合、いつから利息の払渡しを受けるのでしょうか。

　これは、令和5年の6月1日以降となります。

　つまり、供託した月が5月であれば、翌年の6月からもらえることになります。

　（そして、利息は日割り計算をしないので、令和4年6月1日から令和5年5月31日の分の利息が付くことになります）。

問題を解いて確認しよう

1	供託金の受入れの月及び払渡しの月については日割計算により算出した額の利息を請求することができる。〔4-13-イ〕	×
2	供託金の金額が1万円未満の場合には、利息を請求することができない。〔4-13-オ〕	○
3	供託金の利息は、元本の払渡しを受けた後でなければ、請求することができない。〔4-13-ア〕	×
4	営業により損害を受けたとして、営業保証金として供託された金銭の還付を請求する者は、供託金利息も合わせて払渡しを受けることができる。〔15-10-ウ（22-10-エ）〕	×
5	営業保証供託の供託者は、その供託金全額についての払渡しと同時に、又はその後でなければ、当該供託金の供託金利息の払渡請求をすることができない。〔25-10-オ、30-11-エ〕	×

6　保証として金銭を供託した場合には、毎年供託した月に応当する月の末日後に、同日までの利息を請求することができる。　○

〔4-13-エ（58-13-3）〕

7　保証として金銭を供託した場合には、供託者は、毎年、4月1日以降に、その前年度分の供託金利息の払渡請求をすることができる。　×

〔26-9-ウ（14-10-1）〕

───── ✕肢のヒトコト解説 ─────

1　日割計算はしません。

3　元本と利息は一気に払渡しを受けるのが原則です。

4　利息は損害の担保に含まれていません。

5　営業主が、毎年払渡しを受けることができます。

7　もし、供託した月が5月であれば、翌年の6月1日から払渡しを受けます。

第7節　特殊な供託手続

ここは、営業保証供託をした後の手続と思ってください。

Point

供託物の差替え

保証供託において、監督官庁又は裁判所の承認を得て、新たな供託をして従前の供託物を取り戻す手続。

営業保証供託でお金を供託していた人が、現金が必要になりました。

彼は、個人的に国債を持っていました。

その場合、彼は中に入っている現金と、国債を交換することができます。これを差替えといいます。

◆ 差替えの論点 ◆

		結論
許可 認可	裁判上の保証供託の場合	裁判所の担保変換決定が必要
	営業保証供託の場合	監督官庁の認可が必要
差押え等がある場合	取戻請求権について、譲渡・質入・差押え・その他の処分制限がされている場合の差替えの可否	差替えはできない

この差替えをするには、お上の承諾が必要です。「預けているものと、均衡が取れない物で差替える」（1,000万円を引き出すのに、価値のない株式で差替える）ことがないようにするためです。

また、差替えようとしても人の権利が付いている場合には、その人の権利を害することがないよう、差替えを禁止しています。

Point

供託物の保管替え

営業保証供託のため金銭を供託している場合において、事業者が主たる事務所又は住所を移転したため管轄供託所に変更を生じたときに、新たな事務所又は住所地の最寄りの供託所に供託金を移管する手続。

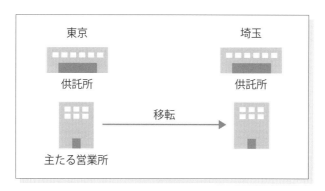

営業保証供託は、主たる営業所で行います。

　主たる営業所が東京から埼玉に引っ越した場合、埼玉でお金を積んで、東京で引き下ろすというのは、大変なのです。そこで手続をとれば、東京で収めている供託金等を、埼玉の方に移動してくれます。

　こういった、**供託物の保管を移動してもらうことを保管替えといいます。**

---

①法令の規定により保管替えが許容されていること。
②営業所又は住所が移転したため、法令で定められている最寄りの供託所に変更が生じたこと。
③営業保証金が金銭・振替国債でされていること。
④供託金について、差押え、譲渡、質入れがないこと。

　上記が保管替えの要件で、覚えてほしい点は③④です。

③　これは移動しやすいものしか、保管替えを認めていません。そのため、振込みができるお金や振替国債だけで認められ、有価証券は認められません。**有価証券には、移動のリスクがある**からです。

④　誰か人の権利が付いていた場合です。**人の権利を無視して供託所を移動することを認めていません。**

問題を解いて確認しよう

1	訴訟費用の担保として有価証券を供託している場合には、供託者は、裁判所の許可を得た上で、供託物を当該有価証券から金銭に換えることができる。〔20-10-ウ〕	○
2	営業保証供託に係る供託金の差替えは、供託金の取戻請求権が差し押さえられているときは、することができない。〔25-10-エ〕	○
3	営業保証のため有価証券を供託している事業者は、その主たる事務所の移転により最寄りの供託所が変更したときは、移転後の主たる事務所の最寄りの供託所への供託物の保管替えを請求することができる。〔16-10-エ（25-10-ウ、令2-11-ウ）〕	×

4　法令の規定により営業保証金として供託した供託金の保管替えが認められる場合であっても、当該供託金の取戻請求権が差し押さえられているときは、営業者は、供託金の保管替えを請求することはできない。　〔15-10-エ〕 ○

×肢のヒトコト解説

3　有価証券には移動のリスクが伴うため、保管替えが認められていません。

～供託関係の書類は、情報の保護目的であえて不親切にしています～

第3章 供託関係書類の閲覧・供託関係の証明

供託した内容を見せてほしい、供託したことの証明書が欲しいという場合の制度です。
頻繁に出題される部分ではないので、ポイントを押さえることに努めましょう。

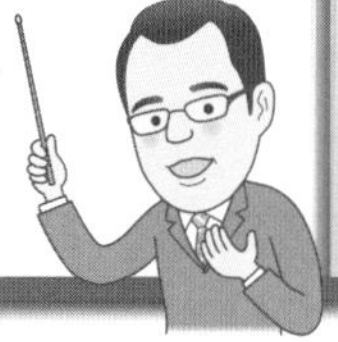

規48条（供託に関する書類の閲覧）
　供託につき利害の関係がある者は、供託に関する書類（電磁的記録を用紙に出力したものを含む。）の閲覧を請求することができる。

規49条（供託に関する事項の証明）
　供託につき利害の関係がある者は、供託に関する事項につき証明を請求することができる。

　登記というのは一般的な公示手段なので、誰でも見られます。
　一方、供託書類は、プライバシー等が書かれていることが多いため、公示する内容ではありません。**法律上の利害関係を持っている人しか見られないようにしています**。

　例えば、供託金をこれから差し押さえようとする一般債権者は、供託金について、まだ法的な利害を持っていないため、閲覧・証明の手続をとることはできません。

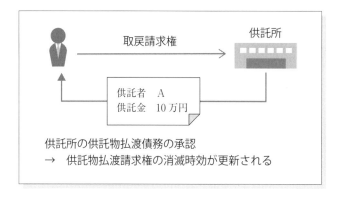

供託所の供託物払渡債務の承認
→ 供託物払渡請求権の消滅時効が更新される

これが閲覧証明の効果です。

供託の内容の閲覧・証明をするというのは、取戻請求権・還付請求権の債務者である供託所が、今の権利内容を認める、自分の債務を認めている行為になります。

そのため、取戻請求権（還付請求権）について、閲覧証明をとれば、取戻請求権（還付請求権）の時効が更新されるのです。

供託事項証明書

供託者　住所甲
供託金　金600万円

次に、証明書の取り方を説明します。

供託所側に証明書をゼロから作ってもらうわけではなく、こちらが証明書の素材となるものを提出します。

「こういう内容でよろしいでしょうか」という感覚で紙を提出します。

供託事項証明書

供託者　住所甲
供託金　金600万円

以上に相違ないことを証
明する
令和5年12月15日
東京法務局 豊島出張所

内容が正しければ、供託所がそこにハンコを押してくれて、証明書が完成します。素材をこっちが作っていき、向こうはハンコを押して証明書を作るという仕組みになっているのです。

これで到達！　　　合格ゾーン

　供託に関する書類の閲覧を請求する場合には、閲覧申請書又は代理人の権限を証する書面に押されている申請人本人の印鑑につき、市町村長又は登記所の作成した証明書を添付しなければならない（供託規48Ⅲ・26）。〔10-11-5〕

　★供託の閲覧は一定の者しかできないため、その本人が来ているかどうかの確認のため印鑑証明書が要求されています。

　供託に関する書類の閲覧の請求は、委任による代理人によってもすることができる（供託規48Ⅲ・26・27参照）。〔29-11-イ〕

　★閲覧する場合には、供託者自身が行く必要はなく、代理人に行ってもらうことも可能です。

　供託に関する事項につき証明を請求しようとする者は、証明申請書を提出しなければならないが（供託規49Ⅱ）、手数料を納付することは要しない。〔29-11-オ〕

　★登記の証明書である登記事項証明書などの交付には手数料がかかりますが、この供託の証明書は手数料なしで交付を受けられます。

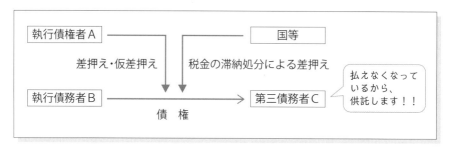

　BからCに債権があり、このBは、Aからお金を借りていました。Bが履行しないので、AはこのBC債権を見つけて、差押えや仮差押えをしています。また、Bが国税を滞納していたため、国等がこの債権を見つけて、差押えをかけています。

　この、差押え・仮差押え・滞納処分による差押えのどれがあったとしても、Cは払うことができなくなります。
　Cには何の落ち度がないにもかかわらず、払うことができなくなっているのです。

　このCを救済するために作った制度が、執行供託というものです。ここで**Cが供託をすれば、Cは、債務から解放されます。**
　こういった供託を、これから見ていきます。

第1章 執行供託の基礎知識

執行供託にはいろいろなパターンがありますが、その前提になる知識を紹介します。
それぞれの用語の意味、特に権利供託と義務供託の内容はしっかりと押さえるようにしましょう。

Point

種類	性質	直接取立権の有無
差押え	民事執行法上の債権執行 （差押えの後、配当を実施）	有
仮差押え	民事保全法上の債権執行	無
滞納処分による差押え	税金債権に基づく差押え	有

　差押えというのは、民事執行法上の手続で、**配当手続までいく**制度です。また、**差押えをしている人は、直接、第三債務者に取りにいくことができます**。

　仮差押えは、まだざっくりとしか調べていない状態で行っているため、この段階では権利の満足はさせません。
　そのため、**仮差押えがされても、配当手続には入らないし、その債権を取り立てることも認めていません**。

　最後に滞納処分による差押えですが、これは税金を払わなかったときに行われるものです。この差押えが債権に対して行われると、**差し押さえた者は、第三債務者に対し取立てをすることができます**。

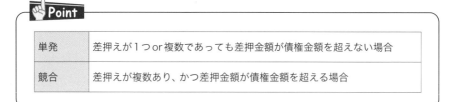

単発	差押えが1つor複数であっても差押金額が債権金額を超えない場合
競合	差押えが複数あり、かつ差押金額が債権金額を超える場合

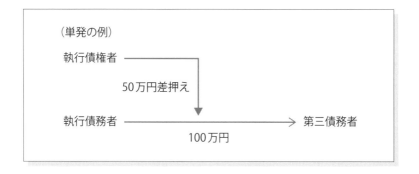

（単発の例）

執行債権者 ────────┐

　　　　　　50万円差押え

執行債務者 ──────────────▼──────────────▶ 第三債務者

　　　　　　　　　　　100万円

100万円の債権を、50万円の債権を持っている人が差し押さえています。これは単発という状態になります。

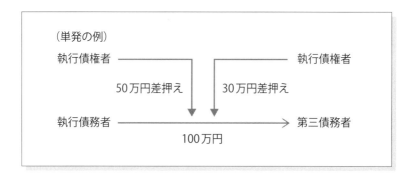

（単発の例）

執行債権者 ────────┐　　　　　────── 執行債権者

　　　　　50万円差押え　　　30万円差押え

執行債務者 ─────────▼─▼──────────▶ 第三債務者

　　　　　　　　　　100万円

100万円の債権を、50万円の債権を持っている人が差し押さえ、30万円の債権を持っている人も差し押さえました。

差押えが2つありますが、単発です。

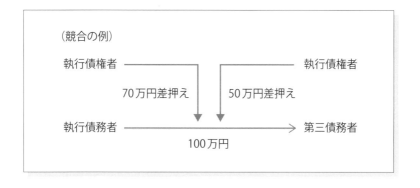

この状態、債権より差し押さえている金額の方が多くなっています。こういうものを競合と呼びます。

この競合のケースでは、配当手続が必要になります。差し押さえられている債権の金額が100万円で、債権者の債権は120万円あります。みんなが満足できないのです。

この場合は、配当手続をとって、2人に分配していくことになります。

Point

権利供託	第三債務者が債務を免れたい場合に、供託するという手段も認める。
義務供託	第三債務者が債務を免れるためには、供託以外の方法を認めない。

権利供託、義務供託という用語があります。

権利供託というのは、「供託でもいいよ」という感じのニュアンスです。**供託をせずに、取立てにきた方に払うということもできます。**

一方、義務供託という場合は、「**供託しなければならない**」という意味です。**権利供託と違って、供託しか方法がない点が特徴**です。

論点	指針
供託額	払えない額　又は　債権全額
権利供託か、義務供託か	配当の要請がある場合 →　義務供託
弁済供託・執行供託・弁済供託の性質を有する執行供託のいずれか	差押部分　　：執行供託 仮差押部分　：弁済供託の性質を有する執行供託 何も制限なし：弁済供託

　これからいろんなパターンを見ていきますが、論点と指針を載せました。この指針にそって、色々な事例を処理していきましょう。

第2章 執行供託各論

ここからが各論になります。
①供託額は？
②権利供託か、義務供託か？
③弁済供託・執行供託・弁済供託の性質を有する執行供託のいずれなのか？
の3点、特に①②が頻繁に問われます。理屈が難しいところは、無理に覚えてしまうのもいいでしょう（義務供託になるところは、暗記しておくことをお勧めします）。

第1節 差押え

執行債権者A

差押え60万円

執行債務者C ───────→ 第三債務者D
　　　　　　　100万円

100万円の債権に対して、60万円の債権を有しているAが差押えをしています。これは単発の状態です。

ここで、Dが供託する場合の話を見ていきます。

（1）権利か義務か
　　権利供託（民執156 Ⅰ）
（2）供託金額
　　100万円（債権全額）
　　又は
　　60万円（差押金額）

差し押さえている金額をオーバーしていないので、配当の必要はありません。そのため、権利供託です。

したがって、Dが債務から免れたければ、供託してもいいし、Aが取立てに来たときに、払うことも認められます。

どれだけ供託できるでしょうか。今、**Dが払えなくなっているのは、60万円なので、60万円供託することができます**。その場合は、60万円を供託して残り40万円はCにダイレクトに払うことになります。

ただ、**こういった2回の行為をするのは面倒だと思った場合には、100万円全額を供託するということもできます**。

このように、供託金額は今払えなくなっているという部分、もしくは、もう面倒だから全部という二択になります。

では、ここで100万円全部を供託した後の手続を見ていきます。

	60万円（差押金額）	40万円（残額）
供託の性質	執行供託	弁済供託
還付請求権	支払委託により、Aが取得	供託時に、Cが取得
供託後の供託通知	不要	Cに対する供託通知が必要
供託原因消滅による取戻しの可否	不可	可

差押えがついている部分と、そうでない部分で性質が全く違っています。

まず**差押えがついている部分は執行供託と扱われます。**

Dは供託した後に、執行裁判所に事情届をします。事情届をした後、裁判所は、供託所に支払委託のお願いをして、かつ支払証明書をAに渡します。このタイミングで、Aは還付請求権を取得します。

そのため、**供託したタイミングではまだ還付請求権を持たない**ため、供託通知はしません。

そして、**差押えが取り下げられた場合に、Dが取り戻すことはできません。**こ

LEC東京リーガルマインド　令和7年版　根本正次のリアル実況中継
司法書士　合格ゾーンテキスト　11 供託法・司法書士法

れは以前にも説明した内容ですが、Dは供託によって、債務消滅の効果の恩恵を受けているため、取り戻す必要はないためです。

これで到達！　　合格ゾーン

☐ 供託後に当該差押命令が失効した場合、すなわち供託後に差押命令の取消しや取下げ等があった場合は、その差押えにかかる供託金は、差押えがなければ当然に第三債務者から支払いを受ける権利を有する執行債務者に支払われるべきであるから、執行裁判所の支払委託に基づき執行債務者が還付請求できる。

> ★差押えが取り下げられれば、供託した金銭は執行債務者（先ほどの例でいえばC）が取得します。そして、その取得は、裁判所が供託所に「取下げがあったので、Cに払ってください」という支払委託の方法で行われます。裁判所が押さえた部分なので、最後まで裁判所が手続を取ってくれるのです。

☐ 供託後に差押えが失効した場合、執行債務者から供託金払渡請求書に差押命令を取り消す決定が効力を生じたことを証する書面を添付して、直接供託金の払渡しを請求することもできるとされている（昭55.9.6 民四5333号）。

> ★執行債務者は支払委託を待って、還付をすることができますが、「今すぐにでも欲しい」という場合もあります。この場合は、裁判所に行き手続を取って（差押命令失効証明書・供託書正本・供託書正本下付証明書というものを受け取ります）、還付請求することも可能です。

次に、差押えがついていない40万円の扱いを見ます。

ここは**弁済供託という扱いになります。払おうと思えば払えるのに、それをあえて供託したということ**で、弁済供託の扱いになっているのです。

弁済供託なので、還付請求権は供託したタイミングですぐに取得します。だから、Cに対して供託通知をすぐに行う必要があります。

また供託原因消滅による取戻しも認められます。

☐ 第三債務者は、金銭債権の一部が差し押さえられたことを原因としてその債権の全額に相当する金銭を供託するときは、供託書の「被供託者の住所氏名」欄には執行債務者の氏名又は名称及び住所を記載しなければならない。

〔29-10-オ〕

★差押金額を超える供託金は弁済供託として扱われるため、被供託者として（執行債務者を記載する必要があります（供託規13Ⅱ⑥）。

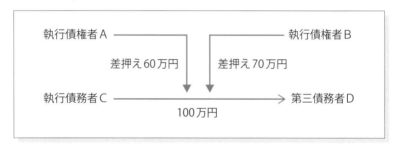

100万円の債権に対して、60万円の債権を有しているAと70万円の債権を有しているBが差押えをしています。これは競合の状態です。

ここで、Dが供託する場合の処理を見ましょう。

(1) 権利か義務か
　　平等配当の要請あり　→　義務供託（民執156Ⅱ）
(2) 供託金額
　　100万円
(3) 供託の性質
　　執行供託

この事例は、配当が必要な状況になっています。

ABそれぞれ取立権を持っています。もしこの取立てを認めてしまえば、AがDから60万円とり、BがDから70万円とってしまい、Dが払い過ぎてしまいます。

　Ｄが払い過ぎないように、ＡＢがもらえる金額を裁判所が決める必要があるのです（ＡＢが債権者平等原則にしたがって配当を受けることもありますし、Ｂが担保権を持っているからＢが優先的に配当を受けることもあるでしょう）。

　このように**配当手続をとる必要があるので、Ｄの供託は義務になります**。そのため、Ｄが債務から免れたければ、供託しか方法がありません。

　次に供託する金額ですが、**払えなくなっているのは、100万円全部なので、100万円全額の供託になります**。またＤの債務全額という基準を使っても、100万円という金額になります。

　そして、債権のすべてに差押えがついているので、Ｄが供託したときの供託の性質は、**全額が執行供託となります**。そのため、供託通知をする必要はないし、また、取戻しはできないことになります。

これで到達！ 合格ゾーン

☐　金銭債権に対して差押えの執行が競合した場合、第三債務者は、債権の全額に相当する金銭を債務の履行地の供託所に供託しなければならない（民執156Ⅱ）。この場合、供託書の「被供託者の住所氏名」欄に執行債務者の住所氏名を記載することはできない。〔12-10-ウ〕

　★供託された金額は執行供託と扱われるため、被供託者を記載することはできません。

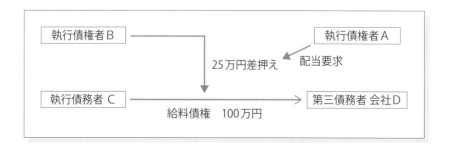

```
25万円部分＝義務供託（民執156 Ⅱ）
その他の部分＝権利供託（民執156 Ⅰ）
```

　Cから会社に対して、給料債権が発生していて、この給料債権に目を付けたB
が差押えをかけました。ただ、給料の全額に差押えはできず、4分の1しか差押
えができません。

　Cの他の債権者に、もう1人Aがいて、彼は債務名義を取りました。給料債権
を狙っていたのですが、この給料はすでにBが差し押さえています。

　このときAには2つ方法があります。
　1つは、**A自身もこの25万円の部分について差押えをかける**方法、もう1つが、
**このBの差押事件に配当要求をして、自分もBが差し押さえた25万円から配当
をくれと要求する**ことです。

　ただ、このAが差押えをしても、配当要求をしたとしても、結局25万円部分
はAとBで、取り合うことになります（先に差し押さえているBが優先するとい
うルールにはなっていません）。そのため、25万円については、配当手続が必要
になります。
　そのため、**Aが差押えをしても、配当要求をしても、ここでDが行う供託は、
義務供託です。**

　ただ、残りの部分75万円については、差押えも何もついていません。これは
供託することもできるし、Cに払っても構いません（権利供託という扱いです）。

LEC東京リーガルマインド　令和7年版 根本正次のリアル実況中継
司法書士 合格ゾーンテキスト 11 供託法・司法書士法

債権を差し押さえた方には、2つの選択肢が与えられます。取立てに行くか、転付命令というものをもらって、債権をもらってしまうかです。今回この債権者は転付命令をもらいました。

　転付命令が発令した時点では、まだ債権が移動しません。執行抗告できるので、その期間は待ってあげるのです。転付命令が発令したあと、一定期間が経過し、転付命令が確定すると、権利関係は次の図のような状態になります。

　確定する前であれば、差押えを受けている状態ですから、Dは払えないので供託ができます。
　一方、**確定した後は、差押えがなくなっているため、もはや執行供託をすることができません**。

転付命令が発令した後の供託
→　転付命令が確定しているかどうか
　　を問題文から読み取ること

この視点で問題文を見るようにしてください。

--- 問題を解いて確認しよう ---

1	金銭債権の一部が差し押さえられた場合、第三債務者は、差し押さえられた金額に相当する金銭を供託することができる。〔元-14-2〕	○
2	金銭債権について強制執行による差押えがされた場合には、第三債務者はその金銭債権の全額に相当する金銭を供託しなければならない。〔57-13-2（元-14-1、7-10-ア、21-10-オ）〕	×

3	金銭債権の一部が差し押さえられた場合において、第三債務者がその債権全額を供託したときは、差押債務者には、供託通知がなされる。〔16-11-ア（5-11-5）〕	○
4	金銭債権の一部が差し押さえられた場合において、第三債務者が差押えに係る債権の全額に相当する金銭を供託したときは、執行債務者は、供託金のうち、差押金額を超える部分の払渡しを受けることができる。〔59-13-2（18-10-エ、26-11-ウ）〕	○
5	金銭債権の一部が差し押さえられた場合において、その債権の全額に相当する金銭を供託したときは、第三債務者は差押金額を超える部分につき、供託不受諾を原因として供託金の取戻請求をすることができる。〔63-14-5（6-11-1）〕	○
6	給与債権が差し押さえられた場合において、第三債務者が供託をするときは、差押禁止部分を含め給与の全額を供託することができる。〔8-11-5（3-14-1、12-10-イ、18-10-イ、22-11-オ）〕	○
7	金銭債権の一部について差押えがされ、次いでほかの債権者から配当要求があった場合には第三債務者は、差押金額に相当する金銭を供託しなければならない。〔3-14-4（62-13-3、8-11-3、24-11-ア）〕	○
8	金銭債権の全額について差押命令及び転付命令が送達された場合には、第三債務者は、当該転付命令が確定した後においても、差押えに係る金銭債権の全額に相当する金額の供託をすることができる。〔3-14-2〕	×

------(×肢のヒトコト解説)------

2 単発の差押えであれば、供託することが「できる」状態です。

8 転付命令が確定しているので、もはや供託することができません。

第2節 仮差押え

> （1）権利か義務か
> 　　権利供託
> （2）供託金額
> 　　100万円（債権全額）
> 　　又は
> 　　60万円（仮差押全額）

　100万円の債権に60万円の仮差押えをかけていました。これは配当をとる必要はありませんから、供託するとしたら権利供託です。

　そして、**払えなくなっているのは60万円**なので60万円供託して40万円をCに払うことができますし、2回やるのは面倒くさいから、100万円全部を供託することもできます。

　では、100万円を全部納めた後、どういう手続になるかを見ていきます。

	60万円（仮差押金額）	40万円（残額）
供託の性質	弁済供託の性質を有する執行供託	弁済供託
還付請求権	当然に、Cが取得 →その還付請求権にAの仮差押えの効力が及ぶ	供託時に、Cが取得
供託後の供託通知	Cに対する供託通知が必要	Cに対する供託通知が必要
供託原因消滅による取戻しの可否	不可	可

　何もついていないところと、仮差押えがついているところで結論が違います。何もないところについては先ほどと同じく弁済供託という扱いです。
　一方、仮差押えがついている部分については、法的な理論構成がすごく難しいです。

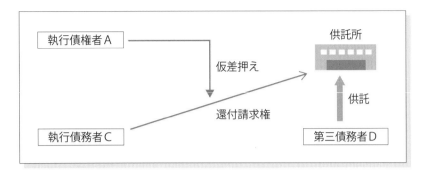

Dが供託をすると、このタイミングでCが還付請求権を持ちます。

仮差押えの段階なので、Cから権利を完全には奪えず、Cが還付請求権を持ちます。

ただこの権利をCに使われると、Aに酷なため、Aは自分の仕掛けている仮差押えをそこに移動させるのです。これにより、供託所はCに払えない状態になります。

この図のとおり、**Cが還付請求権をすぐ取得するので、Cに対して供託通知を行います。**

そして、**Dは、もう免責行為を受けているので、もはや取り戻す必要はどこにもありません。**

このような**Dの供託を、弁済供託の性質を有する執行供託と呼びます。**

これで到達！　合格ゾーン

☐ 仮差押えの執行を原因として第三債務者により供託がされた後に、仮差押えの申立てが失効（取下げ、取消決定）した場合は、還付請求権の上に及んでいた仮差押えの効力は失われ、本来の債権者たる執行債務者は、その供託金の還付請求をすることができる。この場合の供託金の払渡しは、本来の債権者である執行債務者が仮差押えの効力が取下げ・取消決定により失われたことを証する書面を添付して、直接還付請求することができる。

> ★仮差押えがなくなった場合には、執行債務者Ｃが還付を受けることができます。今までは、仮差押えがあったため還付請求ができませんでしたが、それがなくなることによって、権利行使ができるのです。差押えが取り下げられた場合と異なり、支払委託によらずに、直接還付請求することができるのが原則となります。

　供託通知をするという点では弁済供託に似ています。ただ、取戻しができないという点では執行供託に似ています。2つの性質を持っていることから、弁済供託の性質を有する執行供託という名前になっているのです。

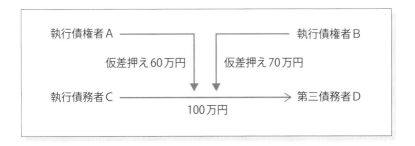

```
執行債権者 A ──────────┐        ┌────────── 執行債権者 B

        仮差押え60万円     │        │   仮差押え70万円

執行債務者 C ──────────┼────────┴──────▶ 第三債務者 D
                   100万円
```

> （1）権利か義務か
> 　　　権利供託
> （2）供託金額
> 　　　100万円
> （3）供託の性質
> 　　　弁済供託の性質を有する執行供託

　この状況ですが、配当の要請はありません。**両方とも仮差押えなので、配当手続にはいかない**からです。
　そのため、**権利供託になります。**

　そして、払えなくなっているのは債権全部ですから、供託金額は、全額100万円です。

そして供託の性質は、全部に仮差押えがついているので、全額、弁済供託の性質を有する執行供託です。

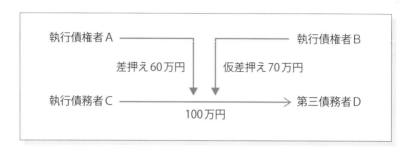

- （1）権利か義務か
  - 義務供託
- （2）供託金額
  - 100万円
- （3）供託の性質
  - 執行供託

　この事例では、**配当の要請が出ます。**

　Aは、差押えをしているので、取立権を持っています。ここでAの取立てを認めて60万円取ることを認めると、Bが仮差押えから差押えに移行したときに、40万円しか残っていないことになります。

　これでは**Bに酷**です。

　そのため、この段階でABがいくらもらうべきかの配当計算をして、Aにはその配当計算分しか渡さないことにしました。

　このように、**配当する要請が生じるため、義務供託となる**のです。

そして供託の性質は、執行供託となります。**義務供託の場合は、まず執行供託になると思って結構**です。

問題を解いて確認しよう

1	金銭債権の一部に対して仮差押えの執行がされた場合、第三債務者は差押え等に係る金銭債権の全額に相当する金銭を供託しなければならない。〔7-10-イ〕	×
2	第三債務者が仮差押えの執行がされた債権の額に相当する金銭を供託する場合、仮差押債権者に供託通知がされる。〔2-14-オ〕	○
3	金銭債権に対する仮差押えの執行を原因とする第三債務者による供託がされた後に仮差押えが取り下げられた場合、供託者は供託金の取戻請求をすることができる。〔62-11-1（8-11-1）〕	×
4	金銭債権の一部に対して仮差押えの執行がされ、第三債務者が金銭債権の全額に相当する金銭を供託した場合には、その供託金のうち仮差押金額を超える部分については、債務者（被供託者）は、供託を受諾して還付請求をすることができる。〔4-12-3〕	○
5	金銭債権について仮差押えの執行が競合した場合には、第三債務者はその金銭債権の全額に相当する金銭を供託しなければならない。〔57-13-3（63-14-3、元-14-3、7-10-オ、12-10-エ、16-11-オ、22-11-ウ）〕	×
6	金銭債権について、差押えと仮差押えの執行とが競合した場合、第三債務者は差押え等に係る金銭債権の全額に相当する金銭を供託しなければならない。〔7-10-エ（18-10-ア、23-11-イ）〕	○

×肢のヒトコト解説

1　単発の仮差押えであれば、供託することが「できる」状態です。

3　弁済供託の性質を有する執行供託では、供託後の取戻しを認めません。

5　仮差押えの競合では、配当の要請が生じないので、権利供託です。

◆ 払渡請求権に対する強制執行 ◆

差押え の状態		執行債権者が債権を回収する方法(直接取立・支払委託)	供託官による執行裁判所への事情届
差押えの単発の場合	A ↓ 差押え 供託者 → 供託所 還付請求権	直接供託所に対して取り立てることが可能	不要
差押えの競合の場合	A 差押え 差押え B 供託者 → 供託所 還付請求権	執行裁判所の配当等の実施による支払委託によって払渡しを受ける ＝直接供託所に対して取り立てること×	必要 ※供託金払渡請求に応じることができるときに限る

還付請求権、取戻請求権に対して強制執行があった場合の処理をまとめた図表です。

　差押えの単発の場合、差し押さえた人は配当等を待たず、供託所に対して取立てることが可能です。

　一方、差押えが競合した場合には、誰がいくらもらうかを裁判所に決めてもらう必要があります。そのため、第三債務者の供託所は裁判所に事情届をすることになります（この事情届に基づいた支払委託があるまで、差押債権者は支払いを受けることができません）。

　差押えの競合があった場合の事情届は、差押えの競合だけで行うのではなく、「供託金払渡請求に応じることができるとき」に限って行われます。

　還付請求権に差押えが競合される　→　事情届　ではなく
　還付請求権に差押えが競合される　→　差押権者が供託受諾　→　事情届

　という感じです（差押権者が供託受諾することによって、取戻請求権は消滅して、「供託金払渡請求に応じることができるとき」となります）。

　ちなみに、差押えの単発であっても、競合であっても、第三債務者は供託できません。今回の第三債務者は供託所です。供託所が他の供託所に供託する意味はないでしょう。

☑1	供託物の取戻請求権を差し押さえた債権者は、供託所に対し、自ら供託物の取戻しを請求することはできず、執行裁判所による支払委託の方法によって払渡しを受けなければならない。〔13-10-エ〕	×
2	金銭債権に対する仮差押えの執行に基づき第三債務者が供託した供託金還付請求権に対して他の債権者から差押えがされ、仮差押えの執行と差押えとが競合した場合には、供託官は、執行裁判所に事情届をしなければならない。〔9-10-1〕	○
3	裁判上の担保供託の取戻請求権に対して差押えが競合した場合であっても、供託官は、供託金取戻請求に応ずることができるときまでは、その事情を裁判所に届け出ることを要しない。〔24-11-エ〕	○

第3節 滞納処分

国税の優先権
原則として、全ての公課、その他の債権に先立って徴収される（国徴法8条）。
滞納処分
租税が納税者から支払われなかった場合に、徴収職員が滞納者の財産を直接差押え・換価・配当して納税金に充当する一連の手続。

　国税というのは最強の無担保債権です。国の税金は一番初めに回収すべきだということで、場合によっては抵当権にも勝てる債権となっています。
　これが払われない時に行う手続が滞納処分というものです。

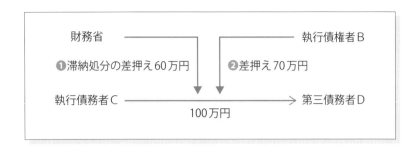

　ここでは順番が重要になります。今回は滞納処分が先にあり、そのあとに差押えが入っています。

　ここで、Bの取立権を認めると国税が取りっぱぐれる危険があります。つまりBがDから70万円を取り立てることができると、CがDに対して有する債権の残額が30万円になり、国税が60万円取れなくなってしまうのです。

> 滞納処分が先行する場合には、滞納処分による差押えの部分については、滞納処分による差押えが解除されるまで、債権執行による取立ては許されない（滞調法20の5）。

　国税の回収に邪魔になる取立権がある場合、その取立権は奪えます。その結果、国税が60万円取れるようになるのです。

　ではここでDが供託する場合をみましょう。

> （1）権利か義務か
> 　　徴収職員は国税債権を取り立てることができる　→　権利供託
> （2）供託金額
> 　　100万円

　ここは権利供託です。100万円供託してもいいし、また、国税の取立てに60万円払って残り40万円をBに払うでも構いません。

LEC東京リーガルマインド　令和7年版 根本正次のリアル実況中継
司法書士 合格ゾーンテキスト 11 供託法・司法書士法

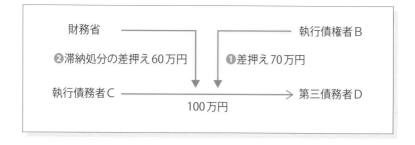

> 強制執行手続が先行する場合には、徴収職員及び差押債権者のいずれも取立てをすることは許されない（滞調法36の6Ⅰ・Ⅳ）。

　今度は順番が逆です。ここでも同じように、Bの取立権を認めると国税が取りっぱぐれる危険があるので、Bの取立権を奪います。その結果、**そのあとの取立権も全部なくなります。**

　つまり、**国税側の取立権もなくなってしまう**のです。

　ただ、国税が一番初めに回収しなければいけません。

> （1）権利か義務か
> 　　義務供託
> （2）供託金額
> 　　100万円

　「Dは払えないし、国税は取立てができない。でも国税が先に回収すべき」、これを**実現するには配当手続しかありません。**

　そこで、供託させるようにしました。供託して配当手続の中で国税を回収させることにしたのです。

　こういった要請があるため、今回の**Dの供託は義務供託「供託以外には免責する方法はない」**としたのです。

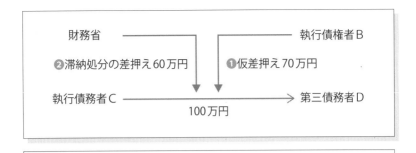

(1) 権利か義務か
    権利供託
(2) 供託金額
    100万円

　この事例では取立権を奪う必要がありません。もともと仮差押えには取立権がないからです。

　そのため、誰の取立権も制限されず、国税にも取立権があります。

　この事例では、**配当させる必要がないため、権利供託となります。**

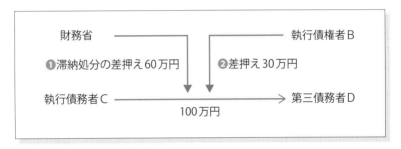

　今まではすべて競合しているケースでしたが、今回の図は競合していない事例になっています。**競合していない場合、滞納処分の部分を供託することができません。**

　競合していない事例では、次のような処理をしてください。

滞納処分の部分は持っていかれたと考えて、供託の処理をしてください。

すると、この事例は上記のように40万円の債権に30万円の差押えをしている状態に変換できます。

そのため、供託金額は40万円または30万円になります。100万円の供託はできません。

問題を解いて確認しよう

1	金銭債権の一部について滞納処分による差押えがされ、さらに強制執行による差押えがされて差押えが競合した場合、第三債務者は、差押えに係る金銭債権の全額に相当する金銭を供託しなければならない。〔3-14-5（21-10-イ、22-11-エ、24-11-ウ）〕	×
2	滞納処分による差押えがされた金銭債権に対して、その後、強制執行による差押えがされた場合であっても、第三債務者は、供託をしないで徴収職員の取立てに応じて弁済することができる。〔16-11-イ〕	○
3	金銭債権の一部について仮差押えの執行がされた場合において、その残余の部分を超えて滞納処分による差押えがされたときは、第三債務者は、その金銭債権の全額に相当する金銭を供託しなければならない。〔26-11-ア〕	×
4	甲の乙に対する貸金債権（額面100万円）につき、①強制執行による差押命令（差押債権額60万円）を受け、さらに②滞納処分による差押命令（差押債権額30万円）を受けた場合、第三債務者乙は60万円を供託することができない。〔62-13-1〕	×

LEC東京リーガルマインド　令和7年版 根本正次のリアル実況中継
司法書士 合格ゾーンテキスト ⓫ 供託法・司法書士法　　　145

第4編　民事執行法に関わる供託　◆　第2章　執行供託各論

1 先に滞納処分があれば、徴収職員の取立権はなくならないため、このケースは権利供託になります。

3 仮差押えの事例では、徴収職員の取立権はなくならないため、このケースは権利供託になります。

4 70万円または60万円の供託が可能です。

これで到達！　合格ゾーン

☐ 第三債務者は滞納処分による差押えがされた金銭について、更に強制執行による差押えがされ差押えが競合した場合には、その債権の全額について債務の履行地に供託することができる（滞調20の6 I）。そして、第三債務者が供託したときは、その事情を「徴収職員等に」届け出なければならない（滞調20の6 II）。〔31-11-オ〕

> ★本来事情届は、執行裁判所に対して行います。ただ、上記の事例では徴収職員に対して行います。徴収職員が取立権を持っているので、「供託したから、こちらに来ないで欲しい」という申出と思ってください。

☐ 先行する強制執行による差押えとそれに後れる滞納処分による差押えとが競合した場合には、執行裁判所における配当手続により配当がなされるため、第三債務者は、被差押債権全額を供託した後に執行裁判所に対して事情届をしなければならない（滞調36条の6第2項）。

> ★この事例では、徴収職員に取立権がないので、原則通り執行裁判所に事情届をします。

☐ AがBに対して有する100万円の甲債権につき、Aの債権者Cから仮差押え（仮差押金額80万円）の執行がされた後、D税務署長から滞納処分による差押え（差押金額60万円）がされた場合において、Bが甲債権の全額に相当する100万円を供託したときは、Bは、遅滞なく、Aに供託の通知をしなければならない。〔23-11-ア〕

> ★この場合の供託は、本来の債権者（仮差押債務者）が還付請求権を取得する一種の弁済供託となるため、仮差押債務者へ供託通知をすることになります（民495 III・494 I）。

第3章 解放金の供託

非常に難易度が高い分野です。完全な理解をするのはあきらめて出題のポイントを押さえるぐらいにしましょう。多くの受験生は過去問の丸暗記の状態で止まっているところなので、最悪その状態には仕上げるようにしてください。

		仮差押解放金 （民保22 I ）	仮処分解放金 （一般型） （民保25 I ）	仮処分解放金 （特殊型） （民保25 I ）
要否		必要的に定められる	任意的に定められる	
管轄		発令裁判所又は保全執行裁判所を管轄する地裁の管轄内の供託所 （民保22 II ・25 II ）		
供託方法	金銭	○		
	有価証券	×		
	第三者による供託	×		

　仮差押えが入った時の解放金と仮処分が入った時の解放金があり、仮処分が入った時の解放金には2タイプがあるのですが、特殊型というのは1回も出たことがないので、学習から外していいでしょう。

　供託方法を見てください。

　供託できる物は、金銭だけです（解放「金」という名称から、お金だけという結論でした）。

　また、**他人による供託は一切認めていません。債務者が納めたお金だからこそ、それを押さえることができる**ため、他人の供託を認めていないのです。

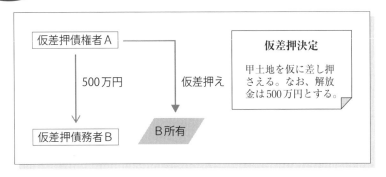

AがBへの債権を回収するために、Aが仮差押えを申し立てて、土地に対し仮差押えが入っている状態です。

この仮差押えを入れるタイミングでは、必ず解放金という金額が決められます。これは「仮差押えから解放されたければ、これだけ納めなさい」というニュアンスの制度です。

ここでBが500万円を供託したらどうなるのでしょう。

これにより、仮差押えの執行は失効します。**仮差押命令は残りますが、土地は仮差押えから解放される**のです。

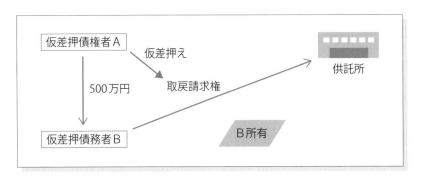

供託したBは取戻請求権を持ちます。

そして、この解放金は、土地そのものです。

また、今までは土地に対して、仮差押えをしていました。

これらの理屈から、**今まであった仮差押えは、土地からなくなり、その解放金に刺さる**のです。

　この状況ですが、Ｂが取戻請求権を持っていることは変わりません。そのため、**Ｂの他の債権者は、この取戻請求権に対し、差押えなり、強制執行することが可能**です。

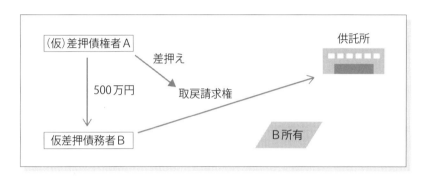

　この後、Ａが民事訴訟を仕掛けて勝ちました。
　ここでＡが債務名義を取得したら、今まで仮差押えだったものを普通の差押えに切り換えます。

　差押えであれば取立権があるので、あとは、**Ａは取立権を使って供託所に請求する**ことになります。

第2節　仮処分解放金

> 　ＡはＢに対して500万円を貸し付け、Ｂ所有の不動産に譲渡担保権を設定した。Ｂが弁済期に履行しないため、Ｂに対して不動産の引渡しを請求したところ拒否されたため、ＡはＢに対し占有移転禁止の仮処分を申し立てた。裁判所はＡの意見を聴いて、仮処分解放金を500万円と定めた。

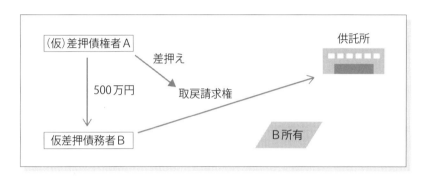
（図中テキスト）
（仮）差押債権者Ａ　　差押え　　供託所
500万円　　取戻請求権
仮差押債務者Ｂ　　Ｂ所有

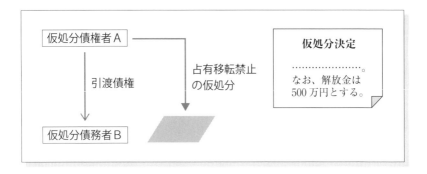

　今この土地は、譲渡担保権の実行によりAのものになっています。

　Aの所有物になっているのですが、Bが占有していて、渡そうとしません。

　そこで、Aは、占有を移すなという仮処分を仕掛けています。この仮処分の際にも、解放金というのが定められる場合があります。

　その後、Bがこの解放金を納めました。それにより、先ほどと同じように、刺さっていた仮処分がなくなります。

　解放金は土地そのものです。そして、今この土地はAのものです。

　だったら、**解放金もAのものになるので、Aが還付請求権を持つことになります。**

　ただ、民事保全しかやっていないAに、権利の満足を与えてはいけません。そのため、**Aは還付請求権を持つのですが、その還付請求権は条件付にして、まだ使えないという状態にしました。**

　この条件とは、民事訴訟で勝つことです。

　これが民事訴訟で勝った状態で、まさに条件が外れています。あとは、供託所に行って、還付を受ければいいだけです。

　ここでは、民事訴訟で勝つことによって還付請求ができます。先ほどの仮差押解放金のように差押えなどの民事執行はしないため、**判決に執行文を付ける必要はありません**。

問題を解いて確認しよう

1	仮処分解放金の供託をする場合には、金銭でしなければならず、金銭に代えて有価証券ですることはできない。〔4-12-4（24-11-オ）〕	○
2	金銭債権について仮差押えの執行がされた場合において、債務者が仮差押解放金を供託したことを証明したときは、保全執行裁判所は、仮差押えの執行を取り消さなければならない。〔21-10-エ〕	○
3	仮差押解放金を供託することにより仮差押えの執行が取り消された場合、仮差押えの執行の効力は、仮差押債務者の有する仮差押解放金の取戻請求権の上に及ぶ。〔2-14-イ〕	○
4	仮差押解放金を供託することにより仮差押えの執行が取り消された場合には、仮差押債権者以外の者は、仮差押債務者の有する仮差押解放金の取戻請求権を差し押さえることができない。〔2-14-ウ〕	×
5	仮差押債権者が本執行として仮差押解放金の取戻請求権の差押えをした場合において、その取戻請求権に対してほかに差押え又は仮差押えの執行がされていないときは、差押債権者は、差押命令に基づく取立権を行使して供託金の払渡しを請求することができる。〔6-11-3〕	○

6 所有権に基づく引渡請求権を被保全権利としてされた占有移転禁止の
仮処分につき、仮処分解放金が供託され、仮処分の執行が取り消され
た場合において、本案の勝訴判決が確定したときは、被供託者である
仮処分債権者は、執行文を要せず、還付請求権を行使して直接供託金
の還付を請求することができる。〔4-12-5〕

○

× 肢のヒトコト解説

4 仮差押えをした人に、取戻請求権に対する独占権はありません。そのため、他
の債権者が差し押さえることが可能です。

第5編 供託物払渡請求権の時効消滅

～時効の起算点を、民法の原則から応用して考えてみましょう～

取戻請求権、還付請求権は、時効で消滅する場合があります。
出題のメインは、これらの権利の消滅時効の起算点、つまり、これらの権利の時効のカウントはいつから始まるかという点です。
なお、ここの消滅時効については、客観的起算点について説明していきます（本書作成時において、主観的起算点についての先例が出ていません）。

覚えましょう

消滅時効の起算点

民法　　：権利を行使することができる時（民166Ⅰ②）
　　　　　　　↓
供託法　：供託金払渡請求権の「権利を行使することができる時」
　　　　　　　↓
　　　　供託成立時（大原則）

　権利行使できる時から、時効カウントが始まります。

　供託法の場合には、還付請求権・取戻請求権が供託時に権利行使できることが多いため、**供託時から、時効カウントがスタートします**。

　これが原則ですが、若干修正があります。特に弁済供託による還付請求権・取戻請求権の時効の起算点がよく出題されますので、まずはそれを覚えましょう。

◆ 弁済供託の還付請求権 ◆

		消滅時効の起算点
原則		供託成立時
例外	①賃借権の存否について紛争がある場合における賃貸人の受領拒否を原因とする弁済供託	紛争解決時
	②債権者不確知を原因とする弁済供託	払渡請求書の添付書類により、還付を受ける権利を有するものが確定した時

　これは弁済供託の還付請求権です。基本は供託成立時に還付請求権を持つので、そこから時効カウントがスタートします。

　ただ、紛争沙汰になっている場合は、紛争が解決するまで還付請求権が使えません。そこで、**解決する時まで時効カウントはスタートしません**。
　また、債権者不確知の場合も同じです。これも債権者が決まるまでは、その人は還付請求権が使えませんので、**債権者が決まったところから、時効カウントがスタートとなります**。

◆ 弁済供託の取戻請求権 ◆

		消滅時効の起算点
錯誤以外の事由による取戻し	①供託の基礎となった事実関係をめぐる紛争あり	供託者が免責の効果を受ける必要性が消滅した時（和解成立時、判決確定時）
	②供託の基礎となった事実関係をめぐる紛争なし	債務の弁済期から10年を経過した時（弁済期後に供託した場合には供託から10年経過した時）
錯誤による取戻し	①供託原因の不存在が供託書から判明する場合	供託時
	②その他の場合	錯誤であることが確定した時点（判決確定時）

　取戻請求権も基本は紛争があるかないかで変わってきます。**紛争があれば、紛**

争が終わった時から取戻しができるようになります。

　一方、紛争がない場合ですが、**債務者は供託をすれば取り戻すことはしません。**

供託して債務から
解放されたよ〜。

債務者

→ まず取戻請求をしない

　**供託によって債務がなくなったのに、わざわざ取戻しをして債務を復活させる
ことは通常はしない**でしょう。ここでは取戻請求があったとしても、権利行使す
るはずがないので、時効カウントは進行させません。

　ただ、元の債務を復活させたら時効完成している状態になったらどうでしょう。
これなら取戻しをして、時効援用することになるでしょう。この状態なら取戻請
求をすることが考えられます。

　**「元の債務が時効完成している状態になる→もう供託に頼らなくていい→取戻
請求権を使おうとする」ので、そこから時効カウントがスタートします。**

　他方、錯誤による取戻しだと話が変わります。錯誤だと気付かなければ取り戻
すことは期待できないので、時効カウントは始まりません。もちろん、すぐに錯
誤と分かるような事例は、供託時点からカウントスタートします。

問題を解いて確認しよう

1	債権者が住所不明のため受領不能を供託原因としてされた弁済供託の還付請求権の消滅時効は、債権者が当該供託がされたことを知った日から起算する。〔3-13-ア（23-10-イ）〕	×
2	供託の通知をすることを要する弁済供託における還付請求権の消滅時効は、被供託者に供託の通知が到達した日から起算する。〔3-13-エ〕	×
3	建物賃借権の存否について当事者間で紛争がある場合において、賃貸人の受領拒否を供託原因としてされた弁済供託の取戻請求権の消滅時効は、供託の日から起算する。〔3-13-イ〕	×

| 4 | 賃貸人の所在不明による受領不能を理由としてされた弁済供託の供託金についての取戻請求権の消滅時効は、供託の時から進行する。〔9-11-オ（23-10-イ）〕 | × |
| 5 | 供託が錯誤であった場合における供託金の取戻請求権の消滅時効は、供託者が錯誤であったことを知った日から起算する。〔3-13-オ〕 | × |

―――― ヒトコト解説 ――――

1 紛争がないケースなので、供託時から時効は進行します。

2 供託時又は紛争解決時から進行します。

3 当事者間に紛争がある場合、紛争の解決時から進行します。

4 供託者が供託による免責の効果を受ける必要が消滅したときから進行します。

5 錯誤であることが明らかであれば、供託時から進行します。

Point

権利の承認についての先例

① 供託証明書の交付は、債務の承認にあたるので時効更新事由となる。

② 供託関係書類の閲覧は、債務の承認として時効更新事由に当たる。

③ 一括してなされた弁済供託金の一部について払渡請求がなされた場合には、払渡請求のされなかった部分については、債務承認として時効が更新する。

　時効の更新制度は、供託法にもあります。よく出題されるのが、権利の承認になるかどうかです。つまり、供託所が取戻請求権、還付請求権の存在を認めた場合です。

　前記の①②は以前に説明しています（閲覧・消滅の部分を復習してください）。また③ですが、これは債務者による一部支払いになっています。**一部の支払いは、全体の債務を認める行為になる**ので、時効は更新されます。

1	弁済供託の被供託者が、供託官から供託証明書の交付を受けたときは、供託金還付請求権の消滅時効は更新される。〔61-13-5（23-10-ア）〕	○
2	弁済供託の供託者の請求により当該弁済供託に関する書類の全部が閲覧に供された場合であっても、供託金取戻請求権の時効は、更新されない。〔23-10-オ〕	×
3	家賃の数か月分につき一括してされた弁済供託の供託金の一部について取戻請求があり、これが払い渡されたときは、供託金の残額の取戻請求権について、時効は更新される。〔9-11-ウ〕	○

×肢のヒトコト解説

2 供託所が、供託の内容を閲覧させることは、権利を承認したことになるので時効は更新されます。

根本正次のリアル実況中継

司法書士

合格ゾーン
テキスト

11 供託法・司法書士法
（司法書士法）

まるわかり Web 講義

著者、根本正次による、科目導入部分のまるわかり Web 講義！

科目導入部分は、根本講師と共に読んで行こう！
初学者の方は、最初に視聴することをおすすめします。

◆二次元コードを読み込んで、アンケートにお答えいただくと、ご案内のメールを送信させて頂きます。
◆「まるわかりWeb講義」は各科目の「第1編・第1章」のみとなります。2編以降にはございません。
◆一度アンケートにお答えいただくと、全ての科目の「まるわかりWeb講義」が視聴できます。
◆応募期限・動画の視聴開始日・終了日については、専用サイトにてご案内いたします。
◆本書カバー折り返し部分にもご案内がございます。

司法書士に関するルール

まるわかりWeb講義

司法書士に関するルールが例年1問は出題されます。

ここでは、

どういう人が司法書士になれるのか

司法書士になるとどういうことができて、どういう義務が課せられるのか

司法書士が集まって法人化した場合のルール

司法書士が悪いことをしたときの懲戒処分

…こういったことを学びます。

〜司法書士試験に合格したつもりで、読んでいきましょう〜

第1章 序説

司法書士法を学習する前に、
①どうなると業務ができる司法書士になるのか
②司法書士を監督するところはどこか
を見ておきます。
①は、これからの学習の基礎になるところなのでしっかりと覚えておきましょう。

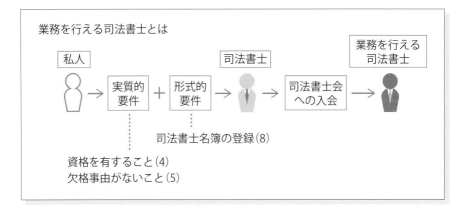

業務を行える司法書士とは

私人 → 実質的要件 ＋ 形式的要件 → 司法書士 → 司法書士会への入会 → 業務を行える司法書士

司法書士名簿の登録（8）

資格を有すること（4）
欠格事由がないこと（5）

　一般人から司法書士になるには、まず資格が必要です。なおかつ欠格事由に引っかかっていると、司法書士になれません。

　そして、日本司法書士会連合会にある司法書士登録簿に名前を載せる必要があります。**登録をすることによって、司法書士となります。**

　ただ、この状態では、仕事がまだできません。

　これに加えて、法務局又は地方法務局の管轄区域ごとにある（大体、県ごとに1つです）、司法書士会に入会をする必要があります。ここに**入会することによって、初めて仕事ができる司法書士となります。**

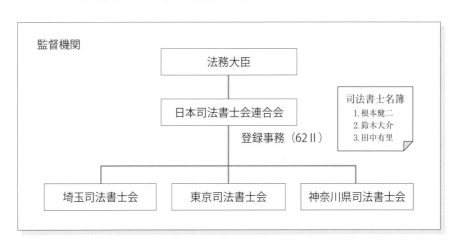

監督機関

法務大臣

日本司法書士会連合会

登録事務（62 II）

司法書士名簿
1. 根本健二
2. 鈴木大介
3. 田中有里

埼玉司法書士会　　東京司法書士会　　神奈川県司法書士会

司法書士の自主的組織に、**司法書士を監視すること**を任せることにしています。

その自主的組織には、二段階あります。

　まず初めに、日本司法書士会連合会というもので、これが司法書士の組織のトップだと思ってください。ここは、会員の指導をするだけでなく、先ほど説明した登録手続を行います。

　また、県ごとに司法書士会というものが設けられて、そこに所属する司法書士を監督しています。

第2章 司法書士になるための要件

ここでは司法書士になるための要件を見ていきます。
まず、①資格を有していて、②欠格事由にあたらないことが必要です。ただ、それだけでは足りず、司法書士の登録手続を踏む必要もあります。
単純暗記のところが多いところですが、頑張って覚えていきましょう。

第1節 資格

資格を有すること(4)
① 司法書士試験に合格した者
② 法務大臣による認定を受けた者

司法書士になるには資格が必要です。資格には、司法書士試験に合格するというルートと、あとは、法務大臣から認められるというルートもあります。

ただこれを満たしても、欠格事由に引っかかっていれば、司法書士とはなりません。では、その欠格事由とはどういうものがあるのでしょう。

Point

法令違反行為あり	禁錮以上の刑に処せられ、その執行を終わり、又は執行を受けることがなくなってから3年を経過しない者	
	業務禁止の懲戒処分(47)	処分の日から3年を経過しない者
	公務員の懲戒免職の処分	
	公認会計士の登録抹消の処分	
	土地家屋調査士(弁理士・税理士・行政書士)の業務の禁止処分	
	税理士であった者であって税理士業務の禁止の懲戒処分を受けるべきであったことについての決定処分	
法令違反行為なし	未成年者	
	破産者で復権を得ない者	

法令違反があるか、法令違反がないかで分けていきます。法令違反がある場合は、基本的にはやらかして3年間は欠格事由です。

　では、どんなことをやらかすと、3年間欠格事由になるのでしょう。

　まずは、犯罪などをして禁固以上の刑に処せられたという場合です。

　それ以外にも、他の役職で懲戒処分を受けた場合というのは、欠格事由になります。いろいろありますが、一番押さえてほしいのは、司法書士の業務禁止の懲戒処分を受けた場合です。

　司法書士になって、**懲戒処分で一番重い業務禁止というのを受けると司法書士登録が抹消されます**。抹消されると、司法書士でなくなるだけでなく、**3年間は欠格事由であり、司法書士登録申請ができません**。

　一方、法令違反行為がなくても、欠格事由になっている方がいます。

　例えば、未成年者は、司法書士とはなれません。**自分自身の行為が単独でできない方が人の財産を管理するのは好ましくないからです**。

　一方、成年被後見人、被保佐人は昔は欠格事由だったのですが、改正で欠格事由から外れています。

　他にも、破産をしている方も欠格事由です。**自分の財産管理に失敗したという方が、国民の財産を管理するのはまずいだろうという配慮**からです。

　このあたりの部分は、会社法の取締役の欠格事由と比較してみてください。

第2節　登録

9条（登録の申請）
1　前条第1項の登録を受けようとする者は、その事務所を設けようとする地を管轄する法務局又は地方法務局の管轄区域内に設立された司法書士会を経由して、日本司法書士会連合会に登録申請書を提出しなければならない。

> **Point**
> ・司法書士会を経由して登録申請する。
> ・登録申請と同時に司法書士会への入会手続をとる。

　司法書士の資格を持っている人が、司法書士になりたければ、登録手続を踏む必要があります。登録手続は日本司法書士会連合会が行っているので、日本司法書士会連合会に届けをします。

　ただ、日本司法書士会連合会にダイレクトに届けを出すことができません。

ここを事務所にして
司法書士業務をするぞ！

事務所

　まずは、自分がどこに事務所を構えるかというのを決めます。司法書士登録をするときには、事務所をどこにするかを特定する義務があります。

登録の経由申請・
入会

登録申請

事務所 → 東京司法書士会 → 日本司法書士会連合会

　事務所を構えることを決めたら、そこがどこの書士会の管轄かを調べます。それが分かったら、その**所属する会を経由して、日本司法書士会連合会に届けを出すことになります。**

　司法書士会を経由することを義務付けているのは、そこで、**入会手続をとらせようとするため**です。

　ここで、入会手続を踏んで登録申請が終わると、この方は、司法書士会に入会している司法書士となります。

　つまり、すぐに業務ができる状態になるのです。

すぐに業務ができる司法書士とするために、入会手続と登録を一緒にやらせようとしているのです。

> **10条（登録の拒否）**
> 1　日本司法書士会連合会は、前条第1項の規定による登録の申請をした者が司法書士となる資格を有せず、又は次の各号のいずれかに該当すると認めたときは、その登録を拒否しなければならない。この場合において、当該申請者が第2号又は第3号に該当することを理由にその登録を拒否しようとするときは、第67条に規定する登録審査会の議決に基づいてしなければならない。
> 　一　第57条第1項の規定による入会の手続をとらないとき。
> 　二　心身の故障により司法書士の業務を行うことができないとき。
> 　三　司法書士の信用又は品位を害するおそれがあるときその他司法書士の職責に照らし司法書士としての適格性を欠くとき。
> 2　日本司法書士会連合会は、当該申請者が前項第2号又は第3号に該当することを理由にその登録を拒否しようとするときは、あらかじめ、当該申請者にその旨を通知して、相当の期間内に自ら又はその代理人を通じて弁明する機会を与えなければならない。

登録申請をしても拒否される場合があります。
① 司法書士の資格を有していない場合（当たり前ですね）
② 入会手続をとらない場合（入会していなければ、仕事ができません。仕事ができない司法書士を誕生させる必要はないでしょう）
③ 心身の故障により司法書士の業務を行うことができないと判断された場合
④ 司法書士の信用又は品位を害するおそれがあるときその他司法書士の職責に照らし司法書士としての適格性を欠くと判断された場合

この中の③④については、恣意的な判断にならないよう、申請者に弁明する機会を与えるようになっています（これが、上記の条文の2項に当たります）。

> **11条（登録に関する通知）**
> 　日本司法書士会連合会は、第9条第1項の規定による登録の申請を受けた場合において、登録をしたときはその旨を、登録を拒否したときはその旨及びその理由を当該申請者に書面により通知しなければならない。

連合会が通知すべき者	登録したとき	拒否したとき
申請者	登録した旨	拒否した旨＋その理由
申請を経由した司法書士会	登録した旨	拒否した旨＋その理由
事務所を所轄する(地方)法務局の長	登録事項	

　日本司法書士会連合会が誰に連絡をするか、そして何を連絡するかが載っています。

　本人に対して連絡するのはもちろんのこと、それを監督する機関に対しても、こういう人が司法書士になりましたということを知らせるのです。

　一方、拒否した時については、これは拒否したことだけでなく、その理由も説明します。

　拒否された者はその理由を見て納得するか、「不当だ」と考えて審査請求をすることになります。

第3節 変更の登録

14条（登録事項の変更の届出）
　司法書士は、司法書士名簿に登録を受けた事項に変更（所属する司法書士会の変更を除く。）が生じたときは、遅滞なく、所属する司法書士会を経由して、日本司法書士会連合会にその旨を届け出なければならない。

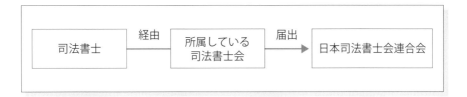

　登録内容が変わったという場合の手続です。

　登録内容が変わったのであれば、登録簿を持っている日本司法書士会連合会に届出が必要です。ただその**内容を所属する司法書士会が把握していない状態にならないよう、所属する司法書士会を経由して、日本司法書士会連合会に出すこと**

になります。

　これが基本なのですが、1つだけ特殊なケースがあります。所属する司法書士
会が変わる場合です。

13条（所属する司法書士会の変更の登録）
1　司法書士は、他の法務局又は地方法務局の管轄区域内に事務所を移転しようと
　するときは、その管轄区域内に設立された司法書士会を経由して、日本司法書士
　会連合会に、所属する司法書士会の変更の登録の申請をしなければならない。
2　司法書士は、前項の変更の登録の申請をするときは、現に所属する司法書士会
　にその旨を届け出なければならない。

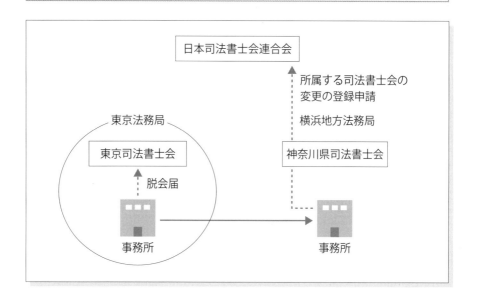

　ある方が事務所を東京から横浜へと引っ越しました。これによって所属する司
法書士会が、東京司法書士会から、神奈川県司法書士会へと変わります。

　この場合、**東京司法書士会に脱会届を出し、神奈川県司法書士会の方で、初め
の登録申請とほぼ同じようなことをします。**つまり、神奈川県司法書士会を経由
して入会手続をとり、日本司法書士会連合会に提出することになるのです。

第4節 登録取消し

> **15条（登録の取消し）**
> 1　司法書士が次の各号のいずれかに該当する場合には、日本司法書士会連合会は、その登録を取り消さなければならない。
> ① その業務を廃止したとき。
> ② 死亡したとき。
> ③ 司法書士となる資格を有しないことが判明したとき。
> ④ 第5条各号（第2号を除く。）のいずれかに該当するに至つたとき。
> 2　司法書士が前項各号に該当することとなつたときは、その者又はその法定代理人若しくは相続人は、遅滞なく、当該司法書士が所属し、又は所属していた司法書士会を経由して、日本司法書士会連合会にその旨を届け出なければならない。

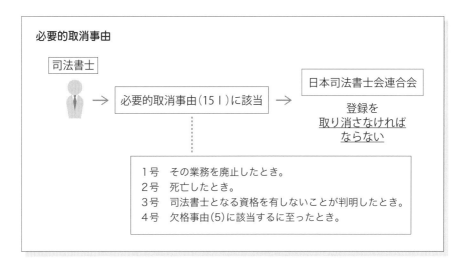

司法書士がある一定事由に引っかかった場合は、登録は必ず消されます。こういうのを必要的取消事由といい、具体的には上記に載っている4つです。

特に意識してほしいのは、1号と4号です。

1号、仕事をやめたのであれば司法書士をやめるべきです。

そして4号の欠格事由の中でも、業務禁止を受けた場合を強く意識しておいてください。

そしてこの場合の手続が、次に載っています。

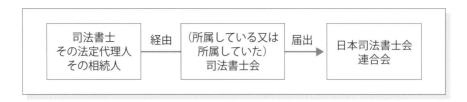

結局のところ、**登録申請をする場合も、変更登録をする場合も、抹消申請をする場合も、司法書士会を経由して日本司法書士会連合会に出すことになる**のです。

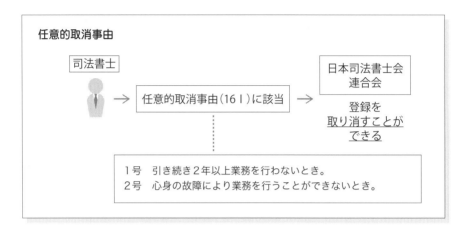

任意的取消は日本司法書士会連合会の裁量で取り消すかどうかを決める場合です。

仕事を2年以上やっていないとか、これは仕事をするのは無理だなということを判断した場合には、日本司法書士会連合会は登録を抹消するかどうかを判断することになります。

問題を解いて確認しよう

1	被保佐人であっても、司法書士となる資格を有する。〔オリジナル〕	○
2	司法書士名簿への登録が拒否された場合には、日本司法書士会連合会から申請者に対して登録が拒否された旨及びその理由が通知され、司法書士名簿への登録が行われた場合には、日本司法書士会連合会から申請者に対して登録が行われた旨が通知される。〔20-8-オ〕	○

3	司法書士は、他の法務局又は地方法務局の管轄区域内に事務所を移転しようとするときは、現に所属する司法書士会を経由して、日本司法書士会連合会に、所属する司法書士会の変更の登録の申請をしなければならない。〔オリジナル〕	×
4	司法書士は、事務所の移転に伴い所属する司法書士会を変更する場合には、新たに所属する司法書士会を経由して、日本司法書士会連合会に対して変更の登録の申請をすれば足り、現に所属する司法書士会に対して、変更の登録の申請をする旨を併せて届け出る必要はない。〔20-8-イ〕	×
5	Ａ地方法務局の管轄区域内に主たる事務所の所在地がある司法書士法人Ｘが、その名称を変更したときは、変更の日から２週間以内に、その旨をＡ地方法務局の長に届け出なければならない。〔28-8-イ〕	×
6	司法書士は、他の法務局又は地方法務局の管轄区域内に事務所を移転しようとする場合には、現に所属する司法書士会を経由して、日本司法書士会連合会に対し、所属する司法書士会の変更の登録の申請をしなければならない。〔令4-8-ア〕	×

────── ❨ ×肢のヒトコト解説 ❩ ──────

3　新たに所属する司法書士会を経由する必要があります。

4　現に所属する司法書士会には、脱会届をする必要があります。

5　登録の変更は、司法書士会を経由して、連合会に届出をします。

6　新しい書士会を経由して、変更登録の申請をします。

第3章　司法書士の仕事

この章と次章が出題のメインとなります。

特にこの章の中の22条は、ほぼ毎年出題されている論点といっても過言ではありません。

ただ、この22条は条文の読解がすごい大変なので、条文を覚えることはお勧めしません。本試験問題は、22条の趣旨から考えて解くようにしましょう。

第1節　業務範囲

	金額制限
①登記又は供託業務に関する手続について代理すること	
②法務局又は地方法務局に提出する書類を作成すること	
③法務局又は地方法務局の長に対する登記又は供託に関する審査請求の手続について代理すること	
④裁判所又は検察庁に提出する書類を作成すること	
⑤前各号の事務について相談に応ずること	
簡裁訴訟代理等関係業務 ⑥民事訴訟法の規定による手続（⑦の手続及び訴えの提起前における証拠保全手続を除く。）について代理すること	訴訟の目的の価額が140万円を超えないもの
⑦訴え提起前の和解（民訴275）の手続又は支払督促の手続について代理すること	請求の目的の価格が140万円を超えないもの
⑧訴えの提起前における証拠保全手続又は民事保全法の規定による手続について代理すること	本案の訴訟の目的の価格が140万円を超えないもの
⑨民事調停法の規定による手続について代理すること	調停を求める事項の価格が140万円を超えないもの
⑩民事に関する紛争について、相談に応じ、又は裁判外の和解について代理すること	紛争の目的の価格が140万円に定める額を超えないもの

これが司法書士ができること、司法書士の主な仕事内容です。

①から⑤はどんな司法書士でもできることです。

特に注目してほしいのが④です。訴状を作ったり、答弁書を作ったり、準備書

面を作ったりすることです。

　これは、司法書士が訴訟をするわけではありません。あくまでも依頼者が本人で訴訟をするのですが、**司法書士が、訴状、答弁書などを作成して手伝ってあげる業務で、裁判書類作成業務とも呼ばれます。**

　次に、⑥から⑩ですが、これらには2つの縛りがあります。1つは金額面で140万円を超えることができません。また、できる司法書士にも縛りをつけています。

3条2項の司法書士の要件

> ① 簡裁訴訟代理等関係業務について法務省令で定める法人が実施する研修であって法務大臣が指定するものの課程を修了した者であること。
> ② 前号に規定する者の申請に基づき法務大臣が簡裁訴訟代理等関係業務を行うのに必要な能力を有すると認定した者であること。
> ③ 司法書士会の会員であること。

　司法書士試験では勉強しないことが要求される業務です。そのため、司法書士試験に合格しただけでは足りず、研修を受ける必要があります（特別研修と呼ばれるものです）。その上で、認定考査という試験を受けて合格することが要件になっています。

　この**要件を満たした司法書士を、3条2項の司法書士と呼びます。**

問題を解いて確認しよう

1	司法書士は、最高裁判所が上告裁判所となるときであっても、その上告状を作成する事務を行う業務を受任することができる。〔24-8-エ〕	○
2	司法書士は、司法書士法第3条第2項に規定する司法書士でなくても、民事に関する紛争（簡易裁判所における民事訴訟法の規定による訴訟手続の対象となるものに限る。）であって紛争の目的の価額が140万円を超えないものについて、相談に応ずることを業とすることができる。〔21-8-ア（17-8-ウ）〕	×

━━━━【 ✕肢のヒトコト解説 】━━━━

2 　民事に関する紛争の相談も、３条２項の司法書士でなければすることはできません（前出の図表の⑩を見てください）。

第2節 義務

　司法書士という資格者になると、どういった義務が課せられるのかを見ていきます。

　司法書士法で出題が多いところの１つです。そのため、条文を丹念に読むようにしてください。

2条 (職責)
　司法書士は、常に品位を保持し、業務に関する法令及び実務に精通して、公正かつ誠実にその業務を行わなければならない。

　これが司法書士の義務の大元の条文です。ちなみに、この条文は努力目標（できたらいいね）という内容ではなく、これに**違反した場合は懲戒処分を受けます**。

20条 (事務所)
　司法書士は、法務省令で定める基準に従い、事務所を設けなければならない。

規19条 (事務所)
　司法書士は、2以上の事務所を設けることができない。

　司法書士になった場合は、事務所を構える必要があります。なおかつ、2つ以上の事務所を設置することができません。

　司法書士が1人で、事務所が2つの状態になると、**どちらかの事務所では、司法書士がいない状態で、司法書士業をすることになります**。

　その状態を認めたくないのです。

　司法書士がいないところで、司法書士業をさせたくないので、2つ以上は事務

所を置いてはいけないとしています。

これで到達！ 合格ゾーン

☐ 司法書士事務所とは別に土地家屋調査士事務所を有する兼業者が、司法書士業務を両事務所で行うことは司書施行規則19条に違反する（昭32.5.30民甲1042号）。

★司法書士の常駐しない事務所で、司法書士業をすることは認められていません。

21条（依頼に応ずる義務）
　司法書士は、正当な事由がある場合でなければ依頼（簡裁訴訟代理等関係業務に関するものを除く。）を拒むことができない。

①依頼　　　　　　　断れない
依頼者　　　　　　　　　　　司法書士

司法書士は依頼を断ることができません。**一定の業務に関して、「独占という地位を与えた以上、依頼があった仕事は断るな」**としています。

ただ、**正当な事由がある場合は断れます。**例えば、仕事が忙しく依頼者の依頼している締切りまでにはできそうもない場合や、病気で仕事ができないような場合は断れます。

このように、「基本は断れない、正当事由があれば断れる」となっていますが、この枠組みに入らない仕事があります。
それが簡裁訴訟代理等関係業務です。
簡裁訴訟は、依頼者との信頼関係が重要です。そのため、**信頼できないという方であれば、正当事由がなくても、依頼を断ることができる**のです。

☐ 土地の売買について当事者双方から所有権移転の仮登記手続の委託を受けたが、売主から先に交付を受けた関係書類の返還を求められた場合には、これを拒む義務がある（最判昭53.7.10）。

> ★委任契約には当事者に解除権があるため、片方の依頼者から解除を受ければ書類を返還する義務があるように見えます。ただ、売主に添付書類を返還してしまうと売主が二重譲渡をし、今の買主を害する危険があります。そのため、片方からの書類返還に応じてはいけないと判示されました。

24条（秘密保持の義務）
　司法書士又は司法書士であつた者は、正当な事由がある場合でなければ、業務上取り扱つた事件について知ることのできた秘密を他に漏らしてはならない。

　司法書士になると、人の秘密を知ることが多くなります。司法書士はこの秘密を、他人にバラしてはいけません。

　ポイントは、今現在司法書士の方がバラしてはいけないだけでなく、**かつて司法書士だったという方もバラしてはいけない**点にあります。

◆ 正当な事由がある場合 ◆

① 　依頼人がその事実の公表を承諾した場合
② 　犯罪捜査の必要上、司法警察職員の事件簿閲覧要求に応ずる場合等
③ 　刑事訴訟において証言する場合

　秘密を洩らさない義務は絶対ではなく、正当な理由がある場合は認められます。
　秘密保持義務は**依頼者の利益のための義務であるため**、その依頼者の承諾があれば、秘密の公表は認められます。

　また、犯罪捜査で聞き込みがあった場合や、訴訟の証人として証言する場合も正当事由があると扱われます。依頼者の利益もありますが、**犯罪捜査・訴訟の円滑という利益が重要なため**です。

> **規24条（他人による業務取扱いの禁止）**
>
> 　司法書士は、他人をしてその業務を取り扱わせてはならない。

　司法書士でない人が、司法書士業をすることはできません。だから、いくら司法書士が忙しくても、司法書士でない人に、仕事を任せるということはできません。

　ただ、司法書士の業務をお手伝いする人を雇うことはできます。この人を補助者と呼びます。

　誰が司法書士の業務を行っているのか、手伝っているのかをその地域の司法書士会は把握しておく必要があります。そのため、**補助者を置いた場合（おかなくなった場合）には、それを所属の司法書士会に伝える**必要があります。

　そして、それは国の機関である法務局長も知っておくべきことなので、**司法書士会が法務局長に連絡する**ことになっています（司法書士がダイレクトに法務局長に連絡するわけではありません）。

◆ **補助者に関する規制** ◆

①	司法書士を補助者にすること	×
②	全面的に業務を代行すること	×

　司法書士は、他の司法書士を補助者にすることはできません。司法書士は、自己の責任で業務を遂行すべきなので、人のお手伝いという状態は好ましくないためです。

　（ちなみに、司法書士試験に合格して登録していない人は司法書士ではないの

第
1
編
　
司
法
書
士
に
関
す
る
ル
ー
ル
　◆　
第
3
章
　
司
法
書
士
の
仕
事

で、補助者にできます。）

　次に、補助者はあくまでも司法書士の補助で動くべきであって、**司法書士が全面的に業務を任せることはできません**。これは、仮に、司法書士が長期入院するようなことになった場合でも認められません。

規29条（領収証）
1　司法書士は、依頼者から報酬を受けたときは、領収証正副２通を作成し、正本は、これに記名し、職印を押して依頼者に交付し、副本は、作成の日から３年間保存しなければならない。
2　前項の領収証は、電磁的記録をもって作成及び保存をすることができる。
3　第１項の領収証には、受領した報酬額の内訳を詳細に記載し、又は記録しなければならない。

　依頼者から報酬を受けた場合、領収証を作る義務を課しています。この義務は、依頼者から請求の有無を問いません。
　そして、その領収書には、「全部で○○円」だけでなく「これで○○円、これで○○円、合計で○○円」というように**内訳まで記載することが求められています**。

規30条（事件簿）
1　司法書士は、連合会の定める様式により事件簿を調製しなければならない。
2　事件簿は、その閉鎖後７年間保存しなければならない。

　司法書士は業務（事件）を扱った場合には、どういったことをやったのかの記録をつけることが義務付けられています。
　そして、その記録は**７年間の保存義務**が課せられています。以前は、永久に保存する義務があるような規定ぶりでしたが、改正で７年間でよいとされました。

　ちなみに、次のような条文があり、これと年数を合わせたものと考えられます。

50条の2（除斥期間）

　懲戒の事由があつたときから7年を経過したときは、第47条又は第48条第1項の規定による処分の手続を開始することができない。

◆ 表示・提示に関するもの ◆

事務所の表示	会則の定めるところにより、司法書士の事務所である旨の表示をなすことを要する(規20Ⅰ)
報酬規定提示	あらかじめ、依頼をしようとする者に対し、報酬額の算定の方法その他の報酬の基準を示さなければならない(規22)〔25-8-ア〕

　司法書士は、自分の事務所が司法書士事務所であることを分かるように、表示をする必要があります。

　また、依頼者には報酬額等を示す必要があります。これは、依頼を遂行した後に「いくらです」と伝えるのではなく、あらかじめ「いくらになります。よろしいですか」と伝える必要があります（依頼者からの要求があってもなくても、提示する要があります）。

問題を解いて確認しよう

1	司法書士会は、所属の会員から補助者を置いた旨の届出がされた場合には、その旨を日本司法書士会連合会に通知しなければならない。〔31-8-ウ〕	×
2	司法書士は、補助者を置いたときは、遅滞なく、その旨を所属の司法書士会に届け出なければならない。〔25-8-イ〕	○
3	司法書士は、長期の疾病などやむを得ない事由により自ら業務を行い得ない場合には、一定の期間を定めて、補助者に全ての業務を取り扱わせることができる。〔26-8-ア〕	×
4	刑事訴訟における証人として証言する場合には、司法書士であった者は、業務上取り扱った事件について知ることのできた秘密を他に漏らすことが許されるが、司法書士は、当該秘密を他に漏らすことは許されない。〔25-8-エ〕	×
5	司法書士は、依頼者から報酬を受けたときは、領収証を作成して依頼者に交付しなければならないが、その領収証には、受領した報酬額の総額を記載すれば足りる。〔29-8-ア〕	×

6	司法書士は、事件簿を調製し、かつ、その閉鎖後7年間保存しなければならない。〔25-8-オ〕	○
7	司法書士は、日本司法書士会連合会にあらかじめ届け出ることにより、二以上の事務所を設けることができる。〔26-8-ウ（令3-8-オ）〕	×
8	司法書士は、司法書士会に入会したときは、当該司法書士会の会則の定めるところにより、事務所に司法書士の事務所である旨を表示しなければならない。〔令3-8-ウ〕	○
9	司法書士は、業務の依頼をしようとする者から求めがあったときは、報酬の基準を示さなければならないが、その求めがなかったときは、当該基準を示すことを要しない。〔25-8-ア〕	×

――――――――――――（ ×肢のヒトコト解説 ）――――――――――――

1 司法書士会に届出をします。

3 全面的に任せることはできません。

4 訴訟の証人であれば、正当事由があると扱われます（これは司法書士であった者、今、司法書士の者で差はありません）。

5 内訳を記載する必要があります。

7 二以上の事務所を設けることができません。

9 求めのありなし関係なく、基準を示す必要があります。

◆ 22条の仕組み（全体像）◆

（前件） 一定の案件の依頼を受けている	→	（後件） 一定の依頼を受けることができなくなる

　ここから、司法書士の義務で一番出題が多い、22条を説明していきます。

　この22条は、「ある依頼を受けている状態で、ある依頼を受けてはいけない」という義務になっています。

　具体例で見ていきましょう。

22条（業務を行い得ない事件）
2　司法書士は、次に掲げる事件については、第3条第1項第4号及び第5号（第4号に関する部分に限る。）に規定する業務（以下「裁判書類作成関係業務」という。）を行ってはならない。
①　相手方の依頼を受けて第3条第1項第4号に規定する業務を行つた事件

　貸金債権の有無で争いになっている当事者の片方の貸主から、訴状を作ってくれと頼まれた司法書士に対して、今度は借主側から、答弁書を作ってくれという依頼が来たとしましょう。これを受託していいでしょうか。

　司法書士は、貸主の情報を深く知っている状態です。**その状態で敵対関係の方から仕事を受けてはいけません。**
　こういったことを認めると「**司法書士って信頼できないな**」と司法書士への信頼が揺らいでしまいます。

22条（業務を行い得ない事件）
2　司法書士は、次に掲げる事件については、第3条第1項第4号及び第5号（第4号に関する部分に限る。）に規定する業務（以下「裁判書類作成関係業務」という。）を行ってはならない。
③　司法書士法人の使用人である場合に、当該司法書士法人が相手方から簡裁訴訟代理等関係業務に関するものとして受任している事件

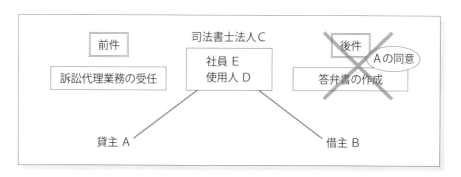

ある司法書士法人に勤めているＤがいて、このＤの勤めている法人が貸主Ａから依頼を受けたようです。

　このＡとトラブルになっているＢがＤに対して、依頼をした場合、Ｄはこの依頼を受けていいのでしょうか。

　Ｄがこの法人にいる限り、Ａの情報を調べられます。この状況で、Ｂから依頼を受けることは許されません。

　そして、これはＡから同意をもらっていてもだめです。**司法書士の信用に関わることなので、同意があっても許されない**のです。

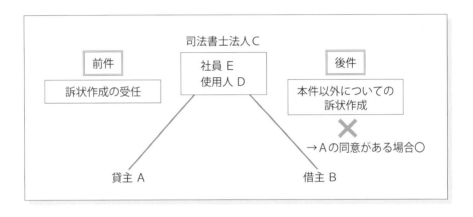

　ＡがＢに対して訴訟をし、訴状がＢに届きました。Ｂはそれを見て、「この訴状、よくできているな」と感心しています。

　実は、このＢは別件でＸという人と紛争になっていました。
　ここでＢが、「Ｘを訴えるぞ。訴状は、この司法書士法人Ｃに作ってもらおう」と考え、依頼をしても、司法書士法人はその依頼を受けることができません。

　これが許されて、Ｂが司法書士法人Ｃのところで協議をしていたら、**Ａが心配になるからです。**

　そのため、Ａが「自分の件の事件と関係ないのなら、依頼を受けていいよ」と**同意をしていれば、許される**ことになります。

今までのケースが裁判関係の話だということに気付いたでしょうか。

裁判関係の当事者の両方から依頼を受けることは、まずできません。ただ、裁判関係以外の仕事、例えば登記供託関係なら当事者双方から依頼を受けられます。**裁判という権利関係を実現する手続と、登記、供託という権利関係の後始末の手続で差をつけている**のです。

ただ、登記・供託が絡んでも、仕事を受けられないパターンがあります。

22条（業務を行い得ない事件）
1　司法書士は、公務員として職務上取り扱った事件及び仲裁手続により仲裁人として取り扱った事件については、その業務を行ってはならない。

登記官Ａがある登記申請を却下しました。そのＡが退職後に司法書士になったのです。そのときに、登記官の時に却下した事件をその後司法書士になって受託することは認められません。

かつて**公務員のときにやった仕事は、訴訟であれ、登記であれ、供託であれ受けることは認められていないのです。**

─── 問題を解いて確認しよう ───

1	司法書士は、法務局又は地方法務局の長に対する登記に関する審査請求の手続について代理することの依頼については、正当な事由がある場合でなくても、拒むことができる。〔25-8-ウ〕	×
2	司法書士は、正当な事由がある場合であっても、業務（ただし、簡裁訴訟代理等関係業務に関するものを除く。）に関する依頼を拒むことができない。〔21-8-イ（17-8-エ）〕	×
3	司法書士は、日本司法書士会連合会にあらかじめ届け出ることにより、二以上の事務所を設けることができる。〔26-8-ウ〕	×
4	司法書士法人がＸの依頼を受けて受任した裁判書類作成業務について、当該司法書士法人の使用人として自らこれに関与した司法書士は、Ｘが同意した場合には、当該裁判書類作成業務に係る事件のＸの相手方であるＹから、個人の司法書士として当該事件に関する裁判書類作成業務を受任することができる。〔24-8-ウ〕	×

5	司法書士Aは、Bの依頼を受けてCを相手方とする訴えの訴状を作成した。この場合、Aは、Bの同意があれば、Cの依頼を受けて、当該訴状を作成した事件についての裁判書類作成関係業務を行うことができる。〔21-8-ウ〕	×
6	供託者を代理して債権者不確知を理由とする弁済供託の手続をしていたとしても、当該供託の被供託者から供託物払渡請求権の確認訴訟に係る裁判書類の作成について依頼を受けることができる。〔17-8-オ〕	○
7	司法書士は、公務員として職務上取り扱った事件及び仲裁手続により仲裁人として取り扱った事件については、その業務を行ってはならない。〔27-8-ウ〕	○
8	Aは、AがBに対して有する100万円の貸金返還請求権を訴訟物として、Bに対し、訴えを提起したいと考えている。Cは、Aから本件訴えに係る訴訟における訴訟代理業務を受任した。この場合、Cは、Aの同意があっても、Bの依頼を受け、本件訴えに係る訴訟以外の訴訟においてBが提出すべき訴状を作成することはできない。〔18-8-オ〕	×

---- ×肢のヒトコト解説 ----

1 簡裁訴訟代理等関係業務以外は、正当事由がなければ断ることができません。

2 正当事由があれば、断ることができます。

3 司法書士がいないところでの司法書士業を認めるべきではないので、事務所を2つ以上設けることを認めていません。

4,5 同意があったとしても、こういった業務を受託することはできません。

8 本件の訴訟でなければ、同意があれば依頼を受けることが許されます。

□ 簡裁訴訟代理等関係業務を行うことを目的とする司法書士法人は、簡裁訴訟代理等関係業務に関するものとして、相手方の協議を受けて賛助し、又はその依頼を承諾した事件、若しくは相手方の協議を受けた事件で、その協議の程度及び方法が信頼関係に基づくと認められるものについては、裁判書類作成関係業務を行ってはならない（41Ⅱ①・②）。〔18-8-エ〕

★前件が委任契約まで至っていなくても、何度も協議も重ねた結果、依頼を承諾した場合と同程度の強い信頼関係に基づくものと判断されるレベルまで行くと（「協議を受けて賛助」）、紛争の相手から裁判書類作成関係業務の依頼を受けられなくなります。

第1編　司法書士に関するルール　◆　第3章　司法書士の仕事

第4章 司法書士法人

この章も出題が多いところです。
そして、この法人は会社法の合名会社と似た構成を
とっています。「合名会社だったらどういう結論だっ
たか」を、できるだけ思い出してください。

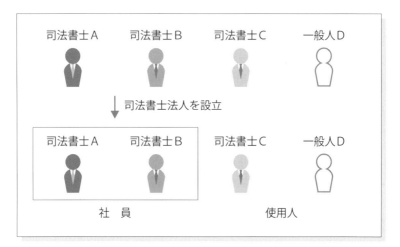

今は、司法書士が集まって法人化することができます。そして、この法人化を
する時には、司法書士を社員と使用人に区別します。

👆**Point**

社員の特徴

①　司法書士の必要がある

②　1人いれば足りる

③　無限責任を負う

④　経営権を持つ（業務執行、代表）

ここでいう社員は業務執行を行います。**司法書士の業務執行を行う**ので、司法書士の必要があります。

　そして、社員は無限責任を負い、経営権を持ちます。この無限責任を負い経営権を持つ点は、合名会社に似ています（実際、会社法の多くの条文を借りて、司法書士法人に適用しています）。
　では、この司法書士法人を作る場面から説明しましょう。

第1節　設立

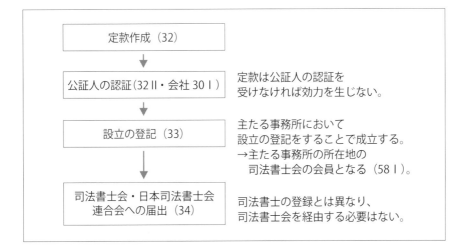

　手続面は持分会社に似ているのですが、違う点があります。
　公証人の認証をとる点です。
　持分会社の場合は、利害関係を持つ人が少ないだろうということから、認証制度を不要にしていますが、**司法書士法人は、利害関係を持つ人が多いので、認証手続をとることを要求しています**。

　そして、登記をしたタイミングで法人が誕生しますが、この成立した瞬間に主たる事務所の所在地の司法書士会の会員になります。**自動的に会員になるので、入会手続は不要**です。

ただ、**法人が誕生したことを司法書士会や日本司法書士会連合会は気付いていない**ので、連絡をする必要があります。「法人の設立登記をして会員になりました、司法書士法人ができました」ということを司法書士会と日本司法書士会連合会に連絡するのです。

◆ 社員の欠格事由 ◆

（1）業務の停止の処分を受け、その期間を経過しない者（28Ⅱ①）
（2）司法書士会の会員でない者（28Ⅱ③）
（3）次の３つを満たすもの
　　　①　司法書士法人が解散又は業務の全部の停止（48）の処分を受け、
　　　②　その処分を受けた日以前30日以内にその社員であった者で
　　　③　その処分を受けた日から３年（業務の全部の停止の場合はその期間）
　　　　を経過しないもの（28Ⅱ②）

　司法書士であることが社員の要件ですが、上記に該当する司法書士は社員になれません。
　上記の（1）（2）は、**司法書士の業務ができない人です**。司法書士業が出来ない人が司法書士法人の社員になることは認めてはいけないでしょう。

　次に（3）ですが、「相当悪い組織を運営していた社員が、別組織を作ることを防ぎたい」という趣旨のもと要請されている欠格事由です。
　ポイントは、
①　**「解散又は業務の全部の停止を受ける」**ような相当悪い組織であること（業務の一部停止レベルでは、要件を満たしません）
②　懲戒処分を受けたときの社員だけでなく、**懲戒処分を受ける30日前に抜けた場合でも欠格事由**になること
③　解散処分を受けた場合は３年の反省期間が必要ですが、**業務の停止の場合はその停止期間が終われば欠格事由が外れる**こと
の３点です。

問題を解いて確認しよう

1	司法書士法人は、その主たる事務所の所在地において設立の登記をすることによって成立するが、司法書士会の会員となるには、主たる事務所の所在地の司法書士会を経由して日本司法書士会連合会の司法書士法人名簿に登録の申請をしなければならない。〔23-8-イ〕	×
2	司法書士法人は、その成立の時に、当然に、主たる事務所の所在地を管轄する法務局又は地方法務局の管轄区域内に設立された司法書士会の会員となる。〔20-8-ウ（28-8-ア）〕	○
3	司法書士は、司法書士法人の社員となっている間は、司法書士会を退会しなければならない。〔20-8-エ〕	×
4	司法書士法人が業務の一部の停止の処分を受けた場合には、その処分を受けた日以前30日以内に当該司法書士法人の社員であった者は、当該業務の一部の停止の期間を経過しない限り、他の司法書士法人の社員となることができない。〔22-8-ア〕	×
5	司法書士法人Xが業務の全部の停止の処分を受けた場合において、当該処分の日にYがXの社員であったときは、Yは、Xの業務の全部の停止の期間を経過した後でなければ、他の司法書士法人の社員となることができない。〔28-8-オ〕	○

─── ×肢のヒトコト解説 ───

1 登録申請や、入会手続をとる必要はありません。

3 司法書士会に入会していないものは、社員になれません。

4 業務の一部停止では欠格事由になりません。

第2節　業務及び社員の責任

◆ 司法書士法人の業務の範囲 ◆

原則	3条1項1号から5号までに規定する業務 ① 登記又は供託業務に関する手続について代理すること ② 法務局又は地方法務局に提出する書類を作成すること ③ 法務局又は地方法務局の長に対する登記又は供託に関する審査請求の手続について代理すること ④ 裁判所又は検察庁に提出する書類を作成すること ⑤ 前各号の事務について相談に応ずること

定款の 定めがあれば できること	① 法令等に基づき法務省令で定める業務 ・ 管財人、管理人その他これに類する地位に就き、財産の管理等を行う業務 ・ 後見人その他これに類する地位に就き、他人の法律行為の代理等を行う業務 ② 簡裁訴訟代理等関係業務 ※ 社員のうちに３条２項に規定する司法書士がある司法書士法人（司法書士会の会員であるものに限る。）に限り、行うことができる。

　ではその司法書士法人は、どういったことができるのでしょう。

　定款で「当法人は○○する」と規定しないとできない業務と、できる業務があります。例えば、誰かの財産管理をするような業務（例えば成年後見人になる）は、定款規定がないとできません。

　他にも、簡裁訴訟も定款規定がなければできません。

　そして簡裁訴訟は、定款規定があるだけではできず、３条２項の司法書士（簡裁訴訟ができる司法書士のことです）がいないとできません。

　そして、３条２項の司法書士は、社員にいることを要求しています。

　司法書士法人の使用人に３条２項の司法書士がいても、簡裁訴訟代理等関係業務をすることはできず、**責任が取れる立場の社員に３条２項の司法書士がいることを要求している**のです。

 覚えましょう

◆ 業務執行・代表のまとめ ◆

	右以外の業務		簡裁訴訟代理等関係業務	
	原則	例外	原則	例外
業務執行	すべての社員		特定社員のみ	
代表	社員は各自 代表する	定款又は総社員の同 意による別段の定め	特定社員 のみ	当該特定社員の全員の同 意による別段の定め

　仕事は誰がやるか、誰が代表するかというのをまとめています。

　基本的には仕事は、すべての社員が行い、すべての社員が代表できるようになっています。

　ただ、代表については例外があって、一定の社員だけに絞ることができるので

す。裏を返せば業務執行に関しては、**仕事ができない社員を定めることはできないのです（ここは持分会社と違います）**。

　社員は司法書士だけ、そして**司法書士であれば司法書士業をする能力がある**ため、定款で業務ができない司法書士を定めることはできないのです。

　ただ、今見たルールは、簡裁訴訟代理等関係業務では異なります。

　特定社員という用語があり、これは、3条2項の司法書士が社員の場合をいいます。**簡裁訴訟代理等関係業務は、当たり前ですが、この特定社員しかできません。**

39条（社員の常駐）
　司法書士法人は、その事務所に、当該事務所の所在地を管轄する法務局又は地方法務局の管轄区域内に設立された司法書士会の会員である社員を常駐させなければならない。

　司法書士がいないところで業務をするのはまずいということは、法人でも同じです。そのため、法人化したとしても、司法書士がいないところで業務をすることを認めていません。

42条（社員の競業の禁止）
　1　司法書士法人の社員は、自己若しくは第三者のためにその司法書士法人の業務の範囲に属する業務を行い、又は他の司法書士法人の社員となつてはならない。

　社員は、その法人と業務を競い合ってはいけません。

　例えば、その法人が登記の仕事をしていた場合、社員は個人的に登記の依頼を受けることはできないのです。しかも、この42条にはただし書きがないので、**法人から同意をもらっていても、許されません**。公益的な要請があるので、同意があっても許されません。

　ただ気を付けてほしいのは、**あくまでも法人がやっている業務は、社員がやってはいけない**ということです。

　そのため、例えばその法人が簡裁訴訟代理等関係業務自体を全くやっていない場合は、所属する社員が個人的に簡裁訴訟の仕事を受託するということは、司法

書士法では禁止していません。

	一般の債務	簡裁訴訟代理等関係業務に関する債務
司法書士法人の財産をもってその債務を完済できないとき	各社員の連帯責任 （38 I）	特定社員の連帯責任 （38 IV）
司法書士法人の財産に対する強制執行が効を奏しなかったとき	各社員の連帯責任 （38 II）	特定社員の連帯責任 （38 V）

　司法書士法人の社員は無限責任を負います。

　基本的には法人の財産で払えないとか、強制執行ができないという場合は、無限責任、全員が全額の連帯責任を負います。

　ただし、**簡裁訴訟代理等関係業務に関しては、特定社員だけが責任を負うこと**になります。

　その業務ができない特定社員以外が、特定社員のしくじりによる責任を負わされるのではおかしいからです。

問題を解いて確認しよう

1	司法書士法人は、定款で定めるところにより、当事者その他関係人の依頼を受けて後見人に就任し、被後見人の法律行為について代理する業務を行うことができる。〔26-8-イ〕	○
2	簡裁訴訟代理等関係業務を行うのに必要な能力を有する旨の法務大臣の認定を受けた司法書士である社員がいない司法書士法人であっても、当該認定を受けた司法書士である使用人がいれば、簡裁訴訟代理等関係業務を行うことができる。〔17-8-ア、令3-8-イ〕	×
3	司法書士法人は、定款の定めをもってしても、一部の社員について、出資のみを行い、業務執行権を有しないものとすることはできない。〔22-8-オ〕	○
4	司法書士法人は、従たる事務所を新たに設ける場合において、当該事務所の周辺における司法書士の分布状況その他の事情に照らして相当と認められるときは、当該事務所の所在する地域の司法書士会の許可を得た上で、社員が常駐しない従たる事務所を設けることができる。〔22-8-エ〕	×

5　司法書士法人の社員は原則として、司法書士法人の債務について責任を負わないが、例外として、司法書士法人の財産をもってその債務を完済することができないときや、司法書士法人の財産に対する強制執行が功を奏しなかったときは、連帯して弁済する責任を負う。

〔16-8-ウ改題〕　○

6　司法書士法人の社員は、簡裁訴訟代理等関係業務に関して依頼者に対して負担することとなった債務以外の司法書士法人の債務について、司法書士法人の財産をもって完済することができないときは、連帯して、その弁済の責任を負う。〔22-8-イ〕　○

7　司法書士法人の社員は原則として、自己若しくは第三者のために当該司法書士法人の業務の範囲に属する業務を行い、又は他の司法書士法人の社員となることはできないが、例外として、当該司法書士法人の総社員の同意があったときは、このような義務を免れることになる。

〔16-8-オ改題〕　×

(×肢のヒトコト解説)

2　社員の中に、3条2項の司法書士がいなければ簡裁訴訟代理等関係業務はできません。

4　従たる事務所であっても、社員が常駐しない事務所を設けることは認められません。

7　総社員の同意があっても、競業取引をすることは認められません。

～いいかげんな司法書士は、決して許されません～

第5章 懲戒

ここでは、司法書士が悪さをしたときの懲戒処分を見ていきます。
誰が懲戒処分をするのか。
どういった処分があるのか。
これを、自然人司法書士、司法書士法人で分けて押さえたうえで、細かいルールを見ていきましょう。

47条（司法書士に対する懲戒）
司法書士がこの法律又はこの法律に基づく命令に違反したときは、法務大臣は、当該司法書士に対し、次に掲げる処分をすることができる。
① 戒告
② ２年以内の業務の停止
③ 業務の禁止

まず誰が懲戒処分をするかを意識してください。**法務大臣が行います**（司法書士会、日本司法書士会連合会ではなく、国から懲戒処分を受けるのです）。

そして、懲戒処分にはパターンが3つあります。

戒告：軽く怒られることで、仕事は続けられます。

業務停止：例えば、「半年間仕事をするな」という形で、一定期間仕事ができなくなります。

そして、一番厳しいのが業務の禁止です。これは仕事をしてはダメという処分で、これに**該当すると欠格事由に該当し、司法書士登録が抹消されます**。

> **48条（司法書士法人に対する懲戒）**
> 1　司法書士法人がこの法律又はこの法律に基づく命令に違反したときは、法務大臣は、当該司法書士法人に対し、次に掲げる処分をすることができる。
> ①　戒告
> ②　2年以内の業務の全部又は一部の停止
> ③　解散

　司法書士法人が悪さをした場合にも、法人に懲戒処分をすることができます。先ほどの自然人と、3号が違います。

　司法書士法人は、司法書士業をするものとして認めています。**司法書士業ができない法人を残す必要はないので、業務の禁止ということではなく、解散させます。**

👆Point

懲戒理由
・司法書士法、司法書士規則に違反すること
　→　書士会及び連合会の会則違反
　　　：原因になる（23）
　　　司法書士法2条の品位保持義務・実務精通義務の違反
　　　：懲戒事由にあたる

　先ほどの47条、48条を見てください。司法書士が懲戒される理由は、司法書士法、司法書士規則に違反することです。

　では、司法書士会の会則を守らなかった場合は、懲戒の対象でしょうか。

> **23条（会則の遵守義務）**
> 　司法書士は、その所属する司法書士会及び日本司法書士会連合会の会則を守らなければならない。

　司法書士法が、「司法書士会及び日本司法書士会連合会の会則を守ること」と規定しているので、**「司法書士会及び日本司法書士会連合会の会則を守らない」**

ことは、司法書士法の違反になるため、懲戒の対象となります。

　次の条文を見てください。

> **2条（職責）**
> 　司法書士は、常に品位を保持し、業務に関する法令及び実務に精通して、公正かつ誠実にその業務を行わなければならない。

「品位を保持しない」ことは、懲戒の対象となりえます。この条文は、努力目標（やれたらいいね）の条文ではないため、この条文に違反すれば懲戒処分の対象となるのです。

> **✊ Point**
>
> **懲戒理由**
> 懲戒の事由があつたときから7年を経過したときは、手続を開始することができない。
> → 　事件簿は、その閉鎖後7年間保存しなければならない。

　業務を行ってから相当程度の期間を経過した後に懲戒の求めがされても、そのときの話を覚えていないことも多いでしょう。そのため、司法書士等に対する懲戒について、7年の除斥期間が設けられています。

　この期間と、司法書士の事件簿の保存期間が連動しています。司法書士は、自分の業務内容について事件簿というものを作るのですが、その保存期間が7年と

されているのです。

　では、次に懲戒手続の流れを説明します。

　まずは、「司法書士○○は、◎◎という司法書士法違反をしています」という
申立てから始まります。
　この申立てがあったら、法務大臣がその内容を調査するのです。

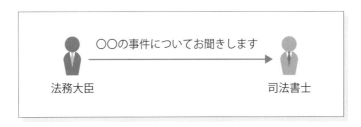

　そして、司法書士法違反が疑わしい場合には懲戒手続になりますが、不意打ち
を避けるため聴聞手続をとります。この聴聞手続とは、「言い訳を聞く機会」で、
懲戒処分をする前提で必須のものとされています。

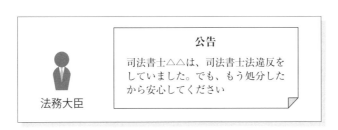

司法書士法違反が分かった場合は「懲戒・業務停止・業務禁止（解散）」など

懲戒処分をして、法務大臣がその内容を公告します。

ここまでの手続をまとめると下記のとおりになります。

◆ 懲戒手続（49条）◆

法務大臣への申立て	何人も、法務大臣に対し（注）、適当な措置をとることを求めることができる
↓	
法務大臣の調査	法務大臣は、通知された事実について必要な調査をしなければならない（注）
↓	
聴聞	
↓	
懲戒処分	
↓	
公告	法務大臣は、47条又は48条1項の規定により処分をしたときは、遅滞なく、その旨を官報をもって公告しなければならない(51)

（注）「通知の受理」「調査」(49)の法務大臣の権限は、法務局又は地方法務局の長に委任されている（規37の7）。

○○の事件についてお聞きします

法務大臣　　　　　　　　　　　司法書士

上の図に、違和感を感じなかったでしょうか。

「一国の大臣が、1人1人の司法書士を調査する」なんて、ありえるのでしょうか。

実は、この権限は司法書士法施行規則によって、法務局又は地方法務局の長に委任されています。司法書士法では、法務大臣の権限とされているのですが、**実際には、法務局又は地方法務局の長の権限になっている**のです。

問題を解いて確認しよう

1	法務大臣は、司法書士法人に対する懲戒処分として、当該司法書士法人の解散を命ずる処分をすることができる。〔19-8-ウ〕	○
2	司法書士法人Xが司法書士法に違反した場合であっても、法務大臣は、Xに対し、解散の処分をすることはできない。〔28-8-エ〕	×
3	司法書士法第2条は、「司法書士は、常に品位を保持し、業務に関する法令及び実務に精通して、公正かつ誠実にその業務を行わなければならない。」と司法書士の職責について定めているが、これは訓示規定であるので、同条違反を理由に懲戒処分を受けることはない。〔19-8-ア〕	×
4	司法書士又は司法書士法人が司法書士会又は日本司法書士会連合会の会則に違反する行為を行った場合には、これらの会則の遵守義務を定めた司法書士法違反を理由に懲戒処分を受けることがある。〔19-8-イ（23-8-オ）〕	○
5	司法書士法人に、司法書士法に違反する事実があると思料する者は、当該司法書士法人の事務所の所在地を管轄する法務局又は地方法務局の長に対し、当該事実を通知し、適切な措置をとることを求めることができる。〔オリジナル〕	○
6	司法書士又は司法書士法人の懲戒処分については、その懲戒処分を行った法務局又は地方法務局の長によって、その旨が官報をもって公告される。〔19-8-オ改題〕	×
7	法務大臣は、司法書士に対し、戒告の処分をしようとする場合には、当該司法書士の聴聞を行わなければならない。〔令5-8-エ〕	○
8	司法書士は、事件簿を調製し、かつ、その閉鎖後7年間保存しなければならない。〔25-8-オ（29-8-オ）〕	○

×肢のヒトコト解説

2　法人に対しては、解散処分もできます。

3　司法書士法2条違反は、懲戒処分の対象です。

6　官報に公告するのは、法務大臣です。

第6章 司法書士会

出題が多いところではないので、学習初期段階では飛ばしてしまっても構いません。また、出題は条文メインなので、条文の読み込みをしっかりと行ってください。

52条（設立及び目的等）
1　司法書士は、その事務所の所在地を管轄する法務局又は地方法務局の管轄区域ごとに、会則を定めて、一箇の司法書士会を設立しなければならない。
2　司法書士会は、会員の品位を保持し、その業務の改善進歩を図るため、会員の指導及び連絡に関する事務を行うことを目的とする。

　法務局の管轄ごとに、司法書士は司法書士会という自治団体を作っています（東京司法書士会・埼玉司法書士会…）。

　ここでは、**会員の指導及び連絡に関する事務**を行っています。

　（ちなみに、**司法書士登録は司法書士会の業務ではなく、司法書士会連合会の業務です**）。

61条（注意勧告）
　司法書士会は、所属の会員がこの法律又はこの法律に基づく命令に違反するおそれがあると認めるときは、会則の定めるところにより、当該会員に対して、注意を促し、又は必要な措置を講ずべきことを勧告することができる。

そういうことはやったらダメ

司法書士会　　　　　　　　　　　　　司法書士

たとえば、所属会員が司法書士法等に違反しそうになっているような場合は、注意勧告をして、**懲戒処分の対象にならないようにしている**のです。

> **60条（法務大臣に対する報告義務）**
> 　司法書士会は、所属の会員が、この法律又はこの法律に基づく命令に違反すると思料するときは、その旨を、法務大臣に報告しなければならない。

司法書士会

司法書士○○は、司法書士法違反なので、懲戒してください

法務大臣

法務局の長

　注意勧告をしても従わなければしょうがありません。この場合は、懲戒権者である法務大臣にチクることが認められています。

　ただ、この権限は司法書士法施行規則によって、法務局又は地方法務局の長に委任されています。司法書士法では、法務大臣の権限とされているのですが、**実際には、法務局又は地方法務局の長の権限になっている**のです。

> **59条（紛議の調停）**
> 　司法書士会は、所属の会員の業務に関する紛議につき、当該会員又は当事者その他関係人の請求により調停をすることができる。

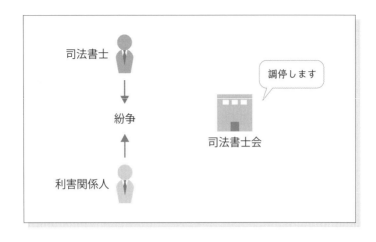

調停します

司法書士　　紛争

司法書士会

利害関係人

　司法書士が依頼者と、何らかの理由でもめた場合、**司法書士会が当事者双方の話をしっかりと聴きながら、調停するという形でサポートする**こともできます。

── 問題を解いて確認しよう ──

1	司法書士会は、会員の品位を保持し、その業務の改善進歩を図るため、会員の指導及び連絡に関する事務を行い、並びに司法書士の登録に関する事務を行うことを目的とする。〔31-8-ア〕	×
2	司法書士会は、所属の会員が、司法書士法又は司法書士法に基づく命令に違反すると思料するときは、その旨を、その司法書士会の事務所の所在地を管轄する法務局又は地方法務局の長に報告しなければならない。〔31-8-オ〕	○
3	司法書士会は、所属の会員の業務に関する紛議について、当該会員又は当事者その他関係人の請求がある場合には、その紛議に係る調停をすることができる。〔31-8-イ〕	○
4	司法書士会は、所属の会員が、司法書士法又はこの法律に基づく命令に違反すると思料するときは、その旨を日本司法書士会連合会に報告しなければならない。〔オリジナル〕	×

── ×肢のヒトコト解説 ──

1　登録に関する事務は、司法書士会連合会の業務です。

4　法務局又は地方法務局の長に報告することになります。

これで、供託法・司法書士法の講義は終了です。

ここでは、本書を通読した後の学習方法について、説明します。

〈本書を通読した方の今後の学習法〉

① 本書を、順番通り2回から3回通読していく

（本書通読後、すぐに行う）

↓

② 本書に掲載されている問題のみ解いていく

（間違えたものは本文を読む）

↓

③ 過去問を解く

（少ない問数を定期的に解く）

供託法・司法書士法などの午後のマイナー科目は、

- **過去問学習が非常に重要（過去問の繰り返しだけで十分に合格圏に入る）**
- **一時記憶の要素が強いため忘れやすい**

という特徴を持っています。

まずは、過去問が解けるように**本書の繰り返しを行いましょう**。一時記憶になりやすいところなので、本書通読後、できるだけ早く2回目の通読を始めましょう。

そして、本書を読む回数が増えてきたら、**「本書についている問題を解く」**→**「間違えるところについて本書を読む」**ようにしましょう。

これにより、過去問を解くための合格力の出来上がりです。

あとは、過去問演習を繰り返すことにつきるのですが、この場合は一気に多くの問題を解くというよりは、少ない問題数でいいので、**定期的に解くようにしましょう**。忘れやすい科目なので、1～2か月放置すると知識は相当劣化してしまいます。

知識のメンテナンスのため、問題演習を定期的に行いましょう。

索引

数字

3条2項の司法書士 173

あ行

一括払渡請求 104
依頼に応ずる義務 175
印鑑証明書 88
営業保証供託 5
閲覧・証明 119
オンライン申請 58,62

か行

解放金 147
仮差押解放金 12
還付 53
還付を受ける権利を証する書面 83
義務供託 125
競合 124
供託カード 68
供託原因 29
供託者 3
供託受諾 96
供託所 3
供託通知書 75
供託適格 23
供託の種類と供託物 11
供託不受諾 93
供託物 10
供託物の差替え 114
供託物の種類と供託所 14
供託物の保管替え 115
業務範囲 172
業務を行い得ない事件 181
欠格事由 163
権利供託 125

さ行

債権者の不受領意思明確 49
債権者不確知 43
裁判上の保証供託 6
資格証明書 70
事件簿 178
執行供託 7,122
支払委託 105

支払証明書 106
司法書士会 161,200
司法書士法人の業務 189
事務所 174
社員 186
社員の競業の禁止 191
社員の欠格事由 188
社員の常駐 191
受領拒否 32
受領不能 41
消滅時効の起算点 154
職責 174
設立 187

た行

滞納処分 141
代理権限証書 71
単発 124
注意勧告 200
懲戒 194
訂正・加入・削除の可否 65
転付命令 133
登録 164
登録の拒否 166
登録の取消し 169
取戻し 53,90
取戻請求権を証する書面 99
取戻請求事由 91

な行

二重譲渡と供託の可否 44
日本司法書士会連合会 161

は行

払渡し 53
反対給付をしたことを証する書面 87
被供託者 3
秘密保持の義務 176
振替国債 12
紛議の調停 201
変更の登録 167
弁済供託 4,28
弁済供託の性質を有する執行供託 136
弁済供託の土地管轄 15
法務大臣に対する報告義務 201

LEC東京リーガルマインド　令和7年版 根本正次のリアル実況中継
司法書士 合格ゾーンテキスト 11 供託法・司法書士法

保管供託 ⋯⋯⋯⋯⋯⋯⋯⋯⋯⋯⋯⋯ 8
保証供託 ⋯⋯⋯⋯⋯⋯⋯⋯⋯⋯⋯⋯ 5
保証供託・執行供託の土地管轄 ⋯⋯⋯⋯ 19
保証供託の払渡手続 ⋯⋯⋯⋯⋯⋯⋯ 108
補助者 ⋯⋯⋯⋯⋯⋯⋯⋯⋯⋯⋯⋯ 177
没取供託 ⋯⋯⋯⋯⋯⋯⋯⋯⋯⋯⋯⋯ 8

や行

家賃の減額請求 ⋯⋯⋯⋯⋯⋯⋯⋯⋯ 36
家賃の増額請求 ⋯⋯⋯⋯⋯⋯⋯⋯⋯ 36

ら行

利息の払渡手続 ⋯⋯⋯⋯⋯⋯⋯⋯⋯ 111
留保付還付請求 ⋯⋯⋯⋯⋯⋯⋯⋯⋯ 81
領収証 ⋯⋯⋯⋯⋯⋯⋯⋯⋯⋯⋯⋯ 178

〈執筆者〉

根本 正次（ねもと しょうじ）

2001年司法書士試験合格。2002年から講師として教壇に立ち、20年以上にわたり初学者から上級者まで幅広く受験生を対象とした講義を企画・担当している。講義方針は、「細かい知識よりもイメージ・考え方」を重視すること。熱血的な講義の随所に小噺・寸劇を交えた受講生を楽しませる「楽しい講義」をする講師でもある。過去問の分析・出題予想に長けており、本試験直前期には「出題予想講座」を企画・実施し、数多くの合格者から絶賛されている。

**令和7年版 根本正次のリアル実況中継
司法書士 合格ゾーンテキスト
11 供託法・司法書士法**

2019年6月10日	第1版	第1刷発行
2024年7月10日	第6版	第1刷発行

執　筆●根本 正次
編著者●株式会社　東京リーガルマインド
　　　　LEC総合研究所　司法書士試験部

発行所●株式会社　東京リーガルマインド
　　　　〒164-0001　東京都中野区中野4-11-10
　　　　　　　　　　アーバンネット中野ビル
　　　　LECコールセンター　☎ 0570-064-464
　　　　受付時間　平日9：30～20：00/土・祝10：00～19：00/日10：00～18：00
　　　　※このナビダイヤルは通話料お客様ご負担となります。
　　　　書店様専用受注センター　TEL 048-999-7581 / FAX 048-999-7591
　　　　受付時間　平日9：00～17：00/土・日・祝休み
　　　　www.lec-jp.com/

本文デザイン●株式会社リリーフ・システムズ
本文イラスト●小牧 良次
印刷・製本●図書印刷株式会社

根本正次
LEC専任講師

誰にもマネできない記憶に残る講義

司法書士試験は、「正しい努力をすれば」、「必ず」合格ラインに届きます。
そのために必要なのは、「絶対にやりぬく」という意気込みです。
皆さんに用意していただきたいのは、
司法書士試験に一発合格する！という強い気持ち、この1点だけです。
あとは、私が示す正しい努力の方向を邁進するだけで、
合格ラインに届きます。

私の講義ここがPoint!

1 わかりやすいのは当たり前！ 私の講義は「記憶に残る講義」

❶ 知識の1つ1つについて、しっかりとした理由付けをする。

❷ 一度の説明ではなく、時間の許す限り繰り返し説明する。

❸ 寸劇・コントを交えて衝撃を与える。

2 法律を教えるのは当たり前！ 時期に応じた学習計画も伝授

❶ 講義の受講の仕方、復習の仕方、順序を説明する。

❷ すでに学習済みの科目について、復習するタイミング、復習する範囲を指示します。

❸ どの教材を、いつまでに、どのレベルまで仕上げるべきなのかを細かく指導する。

3 徹底した過去問重視の指導

❶ 過去の出題実績の高いところを重点に講義をする。

❷ 復習時に解くべき過去問を指摘する。

❸ 講義内で過去問を解いてもらう。

根本講師の講義も配信中！

Nemoto

その裏に隠された緻密な分析力！

私のクラスでは、
❶ 法律を全く知らない人に向けて、「わかりやすく」「面白く」「合格できる」講義と
❷ いつ、どういった学習をするべきなのかのスケジュールと
❸ 数多くの一発合格するためのサポートを用意しています。
とにかく目指すは、司法書士試験一発合格です。一緒に頑張っていきましょう！

合格者の声　根本先生おすすめします！

一発合格

長井 愛さん

根本先生の講義はとにかく楽しいです。丁寧に、分かりやすく説明してくださる上に、全力の寸劇が何度も繰り広げられ、そのおかげで頭に残りやすかったです。また先生作成のノートやレジュメも分かりやすくて大好きです！！

一発合格
最年少合格

大島 駿さん

根本先生の良かった点は、講義内容のわかりやすさはもちろん、記憶に残る講義だということです。正直、合格できた１番の理由は根本先生の存在があったからこそだと思います。

一発合格

大石徳子さん

根本講師は、受験生の気持ちを本当に良く理解していて、すごく愛のある先生だと思います。講座の区切り、区切りで、今受験生が言ってもらいたい言葉を掛けてくれます。

一発合格

望月飛鳥さん

初学者の私でも分かりやすく、楽しく授業を受けられました。講義全体を通して、全力で授業をしてくれるので、こちらも頑張ろうという気持ちになります。

一発合格

H・Tさん

寸劇を交えた講義が楽しくイメージしやすかったです。問題を解いている時も先生の講義を思い出せました。

一発合格

田中佑幸さん

根本先生の『論点のストーリー説明→条文根拠づけ→図表まとめ』の講義構成がわかりやすく記憶に残りやすかったです。

LEC司法書士YouTubeチャンネル **https://www.youtube.com/@LEC-shoshi**

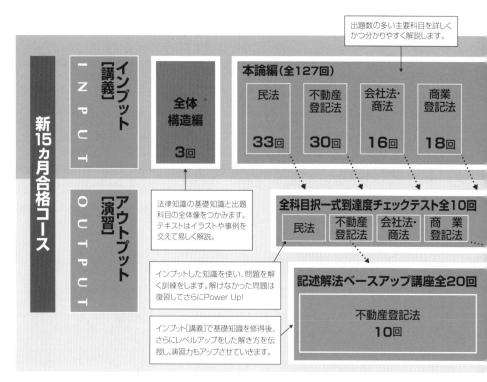

初学者向け総合講座

本コースは全くの初学者からスタートし、司法書士試験に合格することを狙いとしています。入門から合格レベルまで、必要な情報を詳しくかつ法律の勉強が初めての方にもわかりやすく解説します。

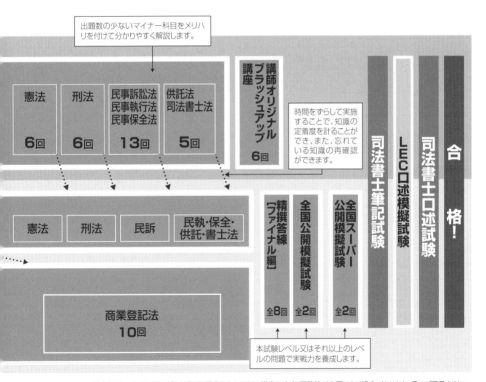

※本カリキュラムは、2023年8月1日現在のものであり、講座の内容・回数等が変更になる場合があります。予めご了承ください。

詳しくはこちら⇒ www.lec-jp.com/shoshi/

■お電話での講座に関するお問い合わせ 平日：9:30〜20:00　土祝：10:00〜19:00　日：10:00〜18:00
※このナビダイヤルは通話料お客様ご負担になります。※固定電話・携帯電話共通（一部のPHS・IP電話からのご利用可能）。

LECコールセンター　携帯OK　0570-064-464

LEC Webサイト ▷▷ **www.lec-jp.com/**

情報盛りだくさん！

資格を選ぶときも，
講座を選ぶときも，
最新情報でサポートします！

最新情報
各試験の試験日程や法改正情報，対策講座，模擬試験の最新情報を日々更新しています。

資料請求
講座案内など無料でお届けいたします。

受講・受験相談
メールでのご質問を随時受付けております。

よくある質問
LECのシステムから，資格試験についてまで，よくある質問をまとめました。疑問を今すぐ解決したいなら，まずチェック！

書籍・問題集（LEC書籍部）
LECが出版している書籍・問題集・レジュメをこちらで紹介しています。

充実の動画コンテンツ！

ガイダンスや講演会動画，
講義の無料試聴まで
Webで今すぐCheck！

動画視聴OK
パンフレットやWebサイトを見てもわかりづらいところを動画で説明。いつでもすぐに問題解決！

Web無料試聴
講座の第1回目を動画で無料試聴！気になる講義内容をすぐに確認できます。

LEC 全国学校案内

*講座のお問合せ，受講相談は最寄りのLEC各校へ

LEC本校

■北海道・東北

札　幌本校　　☎011(210)5002
〒060-0004 北海道札幌市中央区北4条西5-1　アスティ45ビル

仙　台本校　　☎022(380)7001
〒980-0022 宮城県仙台市青葉区五橋1-1-10　第二河北ビル

■関東

渋谷駅前本校　　☎03(3464)5001
〒150-0043 東京都渋谷区道玄坂2-6-17　渋東シネタワー

池　袋本校　　☎03(3984)5001
〒171-0022 東京都豊島区南池袋1-25-11　第15野萩ビル

水道橋本校　　☎03(3265)5001
〒101-0061 東京都千代田区神田三崎町2-2-15　Daiwa三崎町ビル

新宿エルタワー本校　　☎03(5325)6001
〒163-1518 東京都新宿区西新宿1-6-1　新宿エルタワー

早稲田本校　　☎03(5155)5501
〒162-0045 東京都新宿区馬場下町62　三朝庵ビル

中　野本校　　☎03(5913)6005
〒164-0001 東京都中野区中野4-11-10　アーバンネット中野ビル

立　川本校　　☎042(524)5001
〒190-0012 東京都立川市曙町1-14-13　立川MKビル

町　田本校　　☎042(709)0581
〒194-0013 東京都町田市原町田4-5-8　MIキューブ町田イースト

横　浜本校　　☎045(311)5001
〒220-0004 神奈川県横浜市西区北幸2-4-3　北幸GM21ビル

千　葉本校　　☎043(222)5009
〒260-0015 千葉県千葉市中央区富士見2-3-1　塚本大千葉ビル

大　宮本校　　☎048(740)5501
〒330-0802 埼玉県さいたま市大宮区宮町1-24　大宮GSビル

■東海

名古屋駅前本校　　☎052(586)5001
〒450-0002 愛知県名古屋市中村区名駅4-6-23　第三堀内ビル

静　岡本校　　☎054(255)5001
〒420-0857 静岡県静岡市葵区御幸町3-21　ペガサート

■北陸

富　山本校　　☎076(443)5810
〒930-0002 富山県富山市新富町2-4-25　カーニープレイス富山

■関西

梅田駅前本校　　☎06(6374)5001
〒530-0013 大阪府大阪市北区茶屋町1-27　ABC-MART梅田ビル

難波駅前本校　　☎06(6646)6911
〒556-0017 大阪府大阪市浪速区湊町1-4-1
大阪シティエアターミナルビル

京都駅前本校　　☎075(353)9531
〒600-8216 京都府京都市下京区東洞院通七条下ル2丁目
東塩小路町680-2　木村食品ビル

四条烏丸本校　　☎075(353)2531
〒600-8413　京都府京都市下京区烏丸通仏光寺下ル
大政所町680-1　第八長谷ビル

神　戸本校　　☎078(325)0511
〒650-0021 兵庫県神戸市中央区三宮町1-1-2　三宮セントラルビル

■中国・四国

岡　山本校　　☎086(227)5001
〒700-0901 岡山県岡山市北区本町10-22　本町ビル

広　島本校　　☎082(511)7001
〒730-0011 広島県広島市中区基町11-13　合人社広島紙屋町アネクス

山　口本校　　☎083(921)8911
〒753-0814 山口県山口市吉敷下東 3-4-7　リアライズⅢ

高　松本校　　☎087(851)3411
〒760-0023 香川県高松市寿町2-4-20　高松センタービル

松　山本校　　☎089(961)1333
〒790-0003 愛媛県松山市三番町7-13-13　ミツネビルディング

■九州・沖縄

福　岡本校　　☎092(715)5001
〒810-0001 福岡県福岡市中央区天神4-4-11　天神ショッパーズ
福岡

那　覇本校　　☎098(867)5001
〒902-0067 沖縄県那覇市安里2-9-10　丸姫産業第2ビル

■EYE関西

EYE 大阪本校　　☎06(7222)3655
〒530-0013　大阪府大阪市北区茶屋町1-27　ABC-MART梅田ビル

EYE 京都本校　　☎075(353)2531
〒600-8413　京都府京都市下京区烏丸通仏光寺下ル
大政所町680-1　第八長谷ビル

【LEC公式サイト】www.lec-jp.com/

スマホから簡単アクセス！

LEC提携校

*提携校はLECとは別の経営母体が運営をしております。
*提携校は実施講座およびサービスにおいてLECと異なる部分がございます。

■■ 北海道・東北 ■■

八戸中央校【提携校】　☎0178(47)5011
〒031-0035　青森県八戸市寺横町13　第1朋友ビル　新教育センター内

弘前校【提携校】　☎0172(55)8831
〒036-8093　青森県弘前市城東中央1-5-2
まなびの森　弘前城東予備校内

秋田校【提携校】　☎018(863)9341
〒010-0964　秋田県秋田市八橋鯲沼町1-60
株式会社アキタシステムマネジメント内

■■ 関東 ■■

水戸校【提携校】　☎029(297)6611
〒310-0912　茨城県水戸市見川2-3092-3

所沢校【提携校】　☎050(6865)6996
〒359-0037　埼玉県所沢市くすのき台3-18-4　所沢K・Sビル
合同会社LPエデュケーション内

東京駅八重洲口校【提携校】　☎03(3527)9304
〒103-0027　東京都中央区日本橋3-7-7　日本橋アーバンビル
グランデスク内

日本橋校【提携校】　☎03(6661)1188
〒103-0025　東京都中央区日本橋茅場町2-5-6　日本橋大江戸ビル
株式会社大江戸コンサルタント内

■■ 東海 ■■

沼津校【提携校】　☎055(928)4621
〒410-0048　静岡県沼津市新宿町3-15　萩原ビル
M-netパソコンスクール沼津校内

■■ 北陸 ■■

新潟校【提携校】　☎025(240)7781
〒950-0901　新潟県新潟市中央区弁天3-2-20　弁天501ビル
株式会社大江戸コンサルタント内

金沢校【提携校】　☎076(237)3925
〒920-8217　石川県金沢市近岡町845-1　株式会社アイ・アイ・ピー金沢内

福井南校【提携校】　☎0776(35)8230
〒918-8114　福井県福井市羽水2-701　株式会社ヒューマン・デザイン内

■■ 関西 ■■

和歌山駅前校【提携校】　☎073(402)2888
〒640-8342　和歌山県和歌山市友田町2-145
KEG教育センタービル　株式会社KEGキャリア・アカデミー内

■■ 中国・四国 ■■

松江殿町校【提携校】　☎0852(31)1661
〒690-0887　島根県松江市殿町517　アルファステイツ殿町
山路イングリッシュスクール内

岩国駅前校【提携校】　☎0827(23)7424
〒740-0018　山口県岩国市麻里布町1-3-3　岡村ビル　英光学院内

新居浜駅前校【提携校】　☎0897(32)5356
〒792-0812　愛媛県新居浜市坂井町2-3-8　パルティフジ新居浜駅前店内

■■ 九州・沖縄 ■■

佐世保駅前校【提携校】　☎0956(22)8623
〒857-0862　長崎県佐世保市白南風町5-15　智翔館内

日野校【提携校】　☎0956(48)2239
〒858-0925　長崎県佐世保市椎木町336-1　智翔館日野校内

長崎駅前校【提携校】　☎095(895)5917
〒850-0057　長崎県長崎市大黒町10-10　KoKoRoビル
minatoコワーキングスペース内

高原校【提携校】　☎098(989)8009
〒904-2163　沖縄県沖縄市大里2-24-1
有限会社スキップヒューマンワーク内

※上記は2024年5月1日現在のものです。

書籍の訂正情報について

このたびは，弊社発行書籍をご購入いただき，誠にありがとうございます。
万が一誤りの箇所がございましたら，以下の方法にてご確認ください。

1 訂正情報の確認方法

書籍発行後に判明した訂正情報を順次掲載しております。
下記Webサイトよりご確認ください。

www.lec-jp.com/system/correct/

2 ご連絡方法

上記Webサイトに訂正情報の掲載がない場合は，下記Webサイトの
入力フォームよりご連絡ください。

lec.jp/system/soudan/web.html

フォームのご入力にあたりましては，「Web教材・サービスのご利用について」の
最下部の「ご質問内容」に下記事項をご記載ください。

- ・対象書籍名（○○年版，第○版の記載がある書籍は併せてご記載ください）
- ・ご指摘箇所（具体的にページ数と内容の記載をお願いいたします）

ご連絡期限は，次の改訂版の発行日までとさせていただきます。
また，改訂版を発行しない書籍は，販売終了日までとさせていただきます。

※上記「2ご連絡方法」のフォームをご利用になれない場合は，①書籍名，②発行年月日，③ご指摘箇所，を記載の上，郵送
にて下記送付先にご送付ください。確認した上で，内容理解の妨げとなる誤りについては，訂正情報として掲載させてい
ただきます。なお，郵送でご連絡いただいた場合は個別に返信しておりません。

送付先：〒164-0001 東京都中野区中野4-11-10 アーバンネット中野ビル
　　　　株式会社東京リーガルマインド 出版部 訂正情報係

- ・誤りの箇所のご連絡以外の書籍の内容に関する質問は受け付けておりません。
  また，書籍の内容に関する解説，受験指導等は一切行っておりませんので，あらかじめ
  ご了承ください。
- ・お電話でのお問合せは受け付けておりません。

講座・資料のお問合せ・お申込み

LECコールセンター 📞 0570-064-464

受付時間：平日9：30～20：00/土・祝10：00～19：00/日10：00～18：00

※このナビダイヤルの通話料はお客様のご負担となります。
※このナビダイヤルは講座のお申込みや資料のご請求に関するお問合せ専用ですので，書籍の正誤に関
　するご質問をいただいた場合，上記「2ご連絡方法」のフォームをご案内させていただきます。